여행 영어 + 여행 8개국어

1판 1쇄 2018년 11월 15일

저 자 Mr. Sun 어학연구소
펴 낸 곳 OLD STAIRS
출판 등록 2008년 1월 10일 제313-2010-284호
이 메 일 oldstairs@daum.net

가격은 뒷면 표지 참조
ISBN 978-89-97221-71-4

TRAVEL ENGLISH

여행 영어

+ 여행 8개국어

OLD
STAIRS

주제별 사전

2 가나다 사전

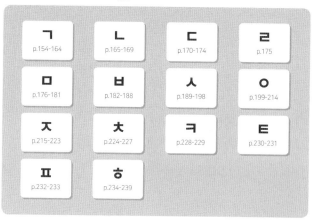

3 다국어 사전

일본어　스페인어　프랑스어　독일어

이탈리아어　중국어　베트남어　태국어

발음
Pronunciation

영어

열이 납니다.
I have a fever.
아이 해브ᵛ 어 피ᶠ이버ᵛʳ

1 큰 글씨, 작은 글씨

큰 글씨는 크게, 작은 글씨는 작고 짧게 읽습니다.

■ 작은 글씨는 목소리의 떨림을 사용하지 않는 무성음을 의미하기도 합니다.

2 위첨자

위첨자 f, r, v 등의 알파벳은 무시하셔도 좋습니다.
만약 f, r, v 표시를 발음하고 싶다면,
다음의 차이를 연습해 주세요.

f	파	**윗입술과 아랫입술**이 만나 소리를 냅니다.
	파ᶠ	윗입술 대신 **윗니와 아랫입술**이 만나 소리를 냅니다.

r	라	혀끝이 **살짝 말릴 뿐**. 입천장에 닿지 않습니다.
	을라	혀끝이 입천장 앞쪽에 **확실하게 닿습니다**.

v	바	**윗입술과 아랫입술**이 만나 소리를 냅니다.
	바ᵛ	윗입술 대신 **윗니와 아랫입술**이 만나 소리를 냅니다.

거기에 어떻게 갈 수 있죠?

1 하우 캔 아이 게트 데th어^r?

How can I get there?

버스 정류장이 어디에 있나요?

2 웨어^r 이즈 더th 버스 스타프?

Where is the bus stop?

표를 어디에서 사나요?

3 웨어^r 이즈 더th 티키트 부우뜨th?

Where is the ticket booth?

미터기 켜 주세요.

4 ▶ 미이터ʳ, 플리이즈.

Meter, please.

환승을 해야 하나요?

5 ▶ 두우 아이 니이드 투 트뤤스퍼ʳ어ʳ?

Do I need to transfer?

여기서 세워 주세요.

6 ▶ 스타프 히어ʳ, 플리이즈.

Stop here, please.

🏨 호텔 BEST 표현

1
체크인하고 싶습니다.
췌크 인, 플리이즈.
Check in, please.

2
체크아웃하고 싶습니다.
췌크 아우트, 플리이즈.
Check out, please.

3
와이파이 비밀번호가 뭐예요?
와트 이즈 더ᵗʰ 와이파ⁱ이 패스워어ʳ드?
What is the Wi-Fi password?

방 청소 부탁합니다.

4 클리인 어프 마이 루움, 플리이즈.

Clean up my room, please.

뜨거운 물이 나오지 않아요.

5 데ᵗʰ어ʳ 이즈 노우 하트 워어터ʳ.

There is no hot water.

에어컨이 작동하지 않아요.

6 디ᵗʰ 에어ʳ-컨디셔너ʳ 더즌트 워어ʳ크.

The air-conditioner doesn't work.

1 주문할게요.
오어「더「, 플리이즈.
Order, please.

2 이걸로 주세요.
디thㅅ 원, 플리이즈.
This one, please.

3 계산서 주세요.
비일, 플리이즈.
Bill, please.

4 한국어 메뉴판 있어요?
두우 유우 해브ᵛ 어 커뤼이언 메뉴우?
Do you have a Korean menu?

5 포장입니다.
투 고우, 플리이즈.
To go, please.

6 맛있다.
이츠 딜리셔스.
It's delicious.

쇼핑 BEST 표현

1 얼마예요?
하우 머취?
How much?

2 저걸로 주세요.
대ᵗʰ트 원, 플리이즈.
That one, please.

3 다른 색도 있나요?
이즈 데ᵗʰ어ʳ 애니 아더ᵗʰ,ʳ 컬러ʳ?
Is there any other color?

이거 할인되나요?

4 **이즈 이트 어언 쎄일?**

Is it on sale?

탈의실이 어디에 있나요?

5 **피'팅 루움?**

Fitting room?

좀 깎아 주세요.

6 **기브ᵛ 미이 어 디스카운트.**

Give me a discount.

기내 BEST 표현

1 제 자리가 어디인가요?
웨어ʳ 이즈 마이 쓰이트?
Where is my seat?

2 뭐 좀 마실 수 있을까요?
캔 아이 해브ᵛ 어 드링크?
Can I have a drink?

3 닭고기인가요, 소고기인가요?
취킨 오어ʳ 비이프ᶠ?
Chicken or Beef?

4 소고기로 주세요.
비이프, 플리이즈.
Beef, please.

5 담요 좀 주세요.
블랭키트, 플리이즈.
Blanket, please.

6 자리를 바꿀 수 있을까요?
캔 아이 췌인쥐 마이 쓰이트?
Can I change my seat?

1

주제별
사전

주제별로 찾는 여행 사전

PASSPORT

인사

안녕하세요. | 안녕.

Hello. | Hi.
헬로우. | 하이.

안녕하세요 오전.

Good morning.
구드 모어'닝.

안녕하세요 오후.

Good afternoon.
구드 애ㅍ터'누운.

안녕하세요 저녁.

Good evening.
구드 이이브'닝.

잘 자.

Good night.
구드 나이트.

소개

성함이 어떻게 되세요?

What is your name?
와트 이즈 유어' 네임?

저는 미나입니다.

I am 미나. | My name is 미나.
아이 앰 미나. | 마이 네임 이즈 미나.

나이가 어떻게 되시죠?

How old are you?
하우 오울드 아^r 유우?

저는 스무 살이에요.

I am twenty.
아이 앰 트웬티.

어디서 오셨어요?

Where are you from?
웨어^r 아^r 유우 프^f럼?

한국에서 왔어요.

I am from Korea.
아이 앰 프^f럼 커뤼^이아.

 안부

환영합니다.

Welcome.
웰컴.

어떻게 지내요?

How are you?
하우 아^r 유우?

저는 잘 지내요.

I am good. | I am fine.
아이 앰 구드. | 아이 앰 파^f인.

··· 다음 페이지에 이어짐 ···
　주제별 사전 | 21

안부

만나서 반갑습니다.

Nice to meet you.
나이스 투 미이트 유우.

다시 만나서 기뻐요.

Nice to see you again.
나이스 투 쓰이 유우 어겐.

작별

잘 가!

Bye!
바이!

좋은 하루 보내시길.

Have a good day.
해브ᵛ 어 구드 데이.

즐겁게 지내길!

Have fun!
해브ᵛ 펀!

몸 건강해(헤어질 때 인사말).

Take care.
테이크 케어ʳ.

연락하면서 지내자!

Keep in touch!
키이프 인 터취!

행운을 빌어요!

Good luck to you!
구드 을러크 투 유우!

곧 만나요.

See you soon.
쓰이 유우 쑤운.

실례

실례합니다.

Excuse me.
익스큐우즈 미이.

다시 말씀해 주실래요?

Pardon? | Excuse me?
파아'든? | 익스큐우즈 미이?

잠시만요.

Wait a moment please.
웨이트 어 모우멘트 플리이즈.

먼저 하세요.

After you.
애프'터' 유우.

죄송

죄송합니다.

Sorry.
써어뤼.

··· 다음 페이지에 이어짐 ···

죄송

제 잘못이에요.

My mistake.
마이 미스테이크.

날 용서해 줘.

Forgive me.
포ʳ에ʳ기브ᵛ 미이.

 감사

고맙습니다.

Thank you.
땡ᵗʰ크 유우.

괜찮아요.

No, thanks.
노우, 땡ᵗʰ크스.

천만에요.

You are welcome.
유우 아ʳ 웰컴.

 긍정

맞아요. ㅣ 바로 그거예요.

Yes.
예스.

괜찮아요.

It's okay.
이츠 오우케이.

물론이죠.

Sure. | Of course.
슈어ʳ. | 어ᵇ 코어ʳ스.

저도 그래요.

Me too.
미이 투우.

나는 할 수 있어요.

I can.
아이 캔.

부정

아니에요.

No.
노우.

그건 불가능해요.

It's impossible.
이츠 임파아써블.

저도 아니에요.

Me neither.
미이 니이더ᵗʰ·ʳ.

아무것도 아니에요.

Nothing.
나띵ᵗʰ.

··· 다음 페이지에 이어짐 ···

부정

말도 안 돼!

No way!
노우 웨이!

어림없는 소리!

Never! | Not at all!
네버ᵛ.ʳ.! | 나아트 애트 어얼!

 동의

좋아요. | 좋아.

That is good. | Good.
대ᵗʰ트 이즈 구드. | 구드.

마음에 들어요.

I like it.
아이 을라이크 이트.

 반대

그만해.

Stop it.
스타프 이트.

그거 하지 마.

Don't do that.
더운트 두우 대ᵗʰ트.

나는 그렇게 생각 안 해요.

I don't think so.
아이 더운트 띵ᵗʰ크 쏘우.

26

난 이것을 원하지 않아.

I don't want it.
아이 더운트 원트 이트.

난 이거 싫어요.

I don't like it.
아이 더운트 을라이크 이트.

이해

알아요.

I know.
아이 노우.

알겠어요. | 이해했어요.

I see. | I got it.
아이 쓰이. | 아이 가트 이트.

모르겠어요.

I have no idea.
아이 해브 노우 아이디어.

나는 몰라요.

I don't know.
아이 더운트 노우.

이해가 안 돼요.

I don't understand.
아이 더운트 언더'스탠드.

감탄

우와.

Wow.
와우.

너무 좋아!

Oh yes!
오우, 예스!

랄랄라.

Yoo-Hoo.
유우 후우.

탄식

아, 안 돼…

Oh, no…
오우, 노우…

아야!

Ouch!
아우취!

이런! | 아이고! | 어머나!

Oops!
웁스!

세상에!

Oh my god!
오우 마이 가아드!

28

젠장!

Damn it!
대앰 이트!

이런…

What the…
와트 더th…

축하

잘된 일이네.

Good for you.
구드 포^f어^r 유우.

축하합니다!

Congratulations!
컹그뤠츌레이션즈!

부탁

부탁 하나 해도 될까요?

Can I ask a favor?
캔 아이 애스크 어 페이버^{v.r}?

부탁합니다.

Please.
플리이즈.

그러지 말고 좀!

Oh~ Come on!
오우~ 컴 어언!

원칙

누구?

Who?
후우?

그게 언제인데?

When is it?
웬 이즈 이트?

그게 어디에 있나요?

Where is it?
웨어 이즈 이트?

이게 뭐예요?

What is it?
와트 이즈 이트?

어떻게?

How?
하우?

왜?

Why?
와이?

의문

뭐가 문제예요?

What is the problem?
와트 이즈 더th 프라아블럼?

이게 무슨 뜻이야?

What is the meaning?
와트 이즈 더th 미이닝?

내가 뭘 해야 해요?

What should I do?
와트 슈드 아이 두우?

어때?

How is it?
하우 이즈 이트?

 질문

질문이 있어요.

I have a question.
아이 해브^v 어 퀘스쳔.

어떤 거?

Which one?
위취 원?

예를 들면 어떤 거?

Such as?
써취 애즈?

이런 식으로 하면 돼?

Like this?
을라이크 디th스?

··· 다음 페이지에 이어짐 ···　　**주제별** 사전 | 31

질문

그러고 나서는요?

And then?
앤드 덴ᵗʰ?

그래서?

So?
쏘우?

 소통

영어 할 줄 알아요?

Do you speak English?
두우 유우 스피이크 잉글리쉬?

영어를 못해요.

I don't speak English.
아이 더운트 스피이크 잉글리쉬.

천천히 말해 주실 수 있나요?

Can you speak slowly?
캔 유우 스피이크 슬로울리?

당신과 이야기 좀 하고 싶어요.

I want to talk with you.
아이 원트 투 터어크 위드ᵗʰ 유우.

친구가 되자.

Let's be friends.
을레츠 비이 프뤤즈.

32

전화번호 좀 알려 주세요.

Can I have your number.
캔 아이 해브 유어 넘버.

이 번호로 연락 좀 해 주세요.

Please call this number.
플리이즈 커얼 디ᵗʰ스 넘버.

그렇다면야 뭐.

If so.
이프 쏘우.

그렇게 할게.

I will. | I will do it.
아이 윌. | 아이 윌 두우 이트.

가정

아마도요.

Maybe.
메이비.

아닐걸요.

Maybe not.
메이비 나아트.

그럴 수도 있고 아닐 수도 있지.

Maybe, maybe not.
메이비 , 메이비 나아트.

공항
airport
에어「포어「트

입구

entrance
엔트뤈스

출구
exit
엑즈이트

국내의
domestic
더메스티크

국제의
international
인터「내셔널

탑승 수속대
check-in counter
췌킨 카운터「

환전소
exchange booth
익스췌인쥐 부우ㄸth

문
gate
게이트

세금 환급
tax refund
택스 뤼펀「드

라운지

lounge
을라운쥐

분실물 보관소

lost and found
을러스트 앤드 파운드

입구가 어디인가요?

Where is the entrance?
웨어「 이즈 디th 엔트뤈스?

몇 번 게이트로 가야 하나요?

**Which gate
do I have to go to?**
위취 게이트
두우 아이 해브v 투 고우 투?

세금 환급은 어디서 받나요?

**Where can I
get a tax refund?**
웨어「 캔 아이
게트 어 택스 뤼펀「드?

표 ticket 티켓

전자항공권

e-ticket
이-티키트

여행일정표

itinerary
아이티너뤠어뤼

여권

passport
패스포어'트

마일리지 카드

mileage card
마일리쥐 카아'드

편도여행

oneway-trip
원웨이-트뤼프

왕복여행

round-trip
롸운드-트뤼프

좌석

seat
쓰이트

일등석

first class
퍼어'스트 클래스

비즈니스석

business class
비즈니스 클래스

이코노미석

economy class
이커너미 클래스

창가 석

window seat
윈도우 쓰이트

복도 석

aisle seat
아이열 쓰이트

탑승권

boarding pass
보오'딩 패스

편도 표 두 장 주세요.

2 one-way tickets, please.
투우 원 웨이 티키츠, 플리이즈.

왕복 표 두 장 주세요.

2 round tickets, please.
투우 롸운드 티키츠, 플리이즈.

자리를 바꿀 수 있을까요?

Can I change my seat?
캔 아이 췌인쥐 마이 쓰이트?

검색대   security 써큐어뤼티

당신의 코트를 벗어 주시겠어요?

Could you take off your coat, please?
쿠드 유우 테이크 어프
유어 커우트, 플리이즈?

스캐너를 통과하세요.

Walk through the scanner.
워어크 뜨루우 더ᵗʰ 스캐너.

팔을 벌려 주세요.

Please spread out your arms.
플리이즈 스프뤠드 아우트
유어 아암'즈.

가방을 열어 주세요.

Please open your bag.
플리이즈 오우픈 유어 배액.

액체로 된 물건을
가지고 있습니까?

Are you carrying any liquids?
아 유우 캐뤼이잉
애니 을리쿠이즈?

수하물   baggage 배기쥐

수하물 서비스

baggage service
배기쥐 써어'비스

기내 반입 수하물

carry-on baggage
캐뤼-어언 배기쥐

부칠 짐

check-in baggage
췌킨 배기쥐

반입금지 물품

restricted items
뤼스트륔티드 아이템스

중량 제한

15kg **weight limit**
웨이트 을리미트

수하물 보관표

claim tag
클레임 태그

수하물 찾는 곳

baggage claim
배기쥐 클레임

가볍다

light
을라이트

무겁다
heavy
헤비ᵛ

깨지기 쉬운
fragile
프뤠즐

최대
maximum
맥쓰이멈

최소
minimum
미너멈

부칠 짐이 있나요?

Do you have baggage to check in?
두우 유우 해브ᵛ
배기쥐 투 췌크 인?

네, 여기 있습니다.

Sure, here they are.
슈어ᵣ, 히어ᵣ 데ᵗʰ이 아ᵣ.

여권 좀 보여 주시겠어요?

May I see your passport?
메이 아이 쓰이 유어ᵣ 패스포어ᵗ?

수하물 찾는 곳이 어디에 있나요?

Where is the baggage claim?
웨어ᵣ 이즈 더ᵗʰ 배기쥐 클레임?

제 수하물이 없어졌어요.

My baggage is missing.
마이 배기쥐 이즈 미쓰잉.

이거 당신 거예요?

Is it yours?
이즈 이트 유어ᵣ스?

이건 내 거예요.

It's mine.
이츠 마인.

비행

flight
플라이트

비행기
airplane
에어플레인

마지막 탑승 안내
last call
을래스트 커얼

출발
departure
디파아쳐

도착
arrival
어라이블v

대기
waiting
웨이팅

지연
delay
디일레이

취소
cancel
캔쓸

결항
flight cancellation
플라이트 캔쓸레이션

보상

compensation
카암펜쎄이션

정책

policy
파알러쓰이

환승

transfer
트뤤스퍼어

환승편

connecting flight
커넥트이잉 플라이트

환승 데스크
transfer desk
트뤤스퍼어 데스크

비행기가 얼마나 연착될까요?

**How long
will the flight be delayed?**
하우 을로옹
윌 더th 플라이트 비이 디일레이드?

비행기 결항한 이유가 뭡니까?
Why is my flight canceled?
와이 이즈 마이 플라이트 캔쓸드?

오후 3시 인천행 비행기 운항에
아직 자리 남았습니까?

**Is the flight to Incheon at
3pm still available?**

이즈 더th 플라이트 투 인천 애트
쓰리^r이피엠 스틸 어베^v일러블?

혹시 경유해서 인천으로
갈 수 있는 항공편이 있습니까?

**Is there any flight to Incheon
via other countries?**

이즈 데th어^r 애니 플라이트 투 인천
바^v이어 아더^{th,r} 컨트뤼스?

제가 탈 수 있는
가장 빠른 비행은 언제인가요?

**What's the earliest flight
I can get on?**

와츠 디th 어얼^r리어스트 플라이트
아이 캔 게트 언?

다른 항공편으로 변경하고 싶어요.

**I would like to
change my flight.**

아이 우드 을라이크 투
췌인줘 마이 플라이트.

환승 비행기를 놓쳤어요.

**I missed my
connecting flight.**

아이 미스드 마이
커넥트이잉 플라이트.

어디서 갈아탈 수 있나요?

**Where can I make
my connection?**

웨어^r 캔 아이 메이크
마이 커넥션?

ADVANCED +

경유지 체류	stopover
항공편 예약	book flights
예약 관리	manage booking
결제 진행	place order
회원가입	create account
신용 카드	credit card
직불 카드	debit card
카드 번호	card number
보안 코드	security code
우편 번호	postal code
주문 날짜	order date
청구 정보	billing info
지급 정보	payment info
일일 평균 요금	daily rates
총계	grand total

입국 심사
immigration
이미그뤠이션

손가락 지문

fingerprint
핑'거'프륀트

입국신고서

arrival card
어롸이블ᵛ 카아'드

여권
passport
패스포어'트

당신의 여권과
입국신고서를 보여주세요.

**Your passport and
arrival card, please.**
유어' 패스포어'트 앤드
어롸이블ᵛ 카아'드, 플리이즈.

방문 목적이 어떻게 됩니까?

**What is the purpose
of your visit?**
와트 이즈 더ᵗʰ 퍼어'퍼스
어브ᵛ 유어' 비ᵛ지트?

휴가로 왔습니다.

I am here on vacation.
아이 앰 히어' 어언 베ᵛ이케이션.

친구들을 방문하러 왔습니다.

**I am here to
visit my friends.**
아이 앰 히어' 투
비ᵛ지트 마이 프뤤즈.

업무 출장으로 왔습니다.

**I am here for
a business trip.**
아이 앰 히어' 포'어'
어 비즈니스 트뤼프.

얼마나 체류할 예정입니까?

How long are you staying?
하우 을로옹 아' 유우 스테이잉?

10일 동안 머무를 예정입니다.

I am staying for 10 days.
아이 앰 스테이잉 포'어' 텐 데이즈.

어디에 계실 예정입니까?

Where will you be staying?
웨어' 윌 유우 비이 스테이잉?

Abc 호텔에 머물 예정입니다.

I will be staying in Abc Hotel.
아이 윌 비이 스테이잉 인
에이비씨 호우텔.

현금을 얼마나 갖고 있습니까?

How much cash are you carrying?
하우 머취 캐쉬
아 유우 캐뤼이잉?

2000불 있습니다.

I have USD 2,000 with me.
아이 해ᵛ 투우따ᵘ우전드
유우에스달러ʳ 위드ᵗʰ 미이.

혼자입니까 아니면
일행이 있습니까?

Are you alone or with someone?
아ʳ 유우 얼로운
오어ʳ 위드ᵗʰ 썸원?

혼자 여행합니다.

I am traveling alone.
아이 앰 트뤠블ᵛ링 얼로운.

돌아가는 티켓을 예약했습니까?

Have you confirmed your return ticket?
해ᵛ 유우 컨퍼ʳ엄ᵈ
유어ʳ 뤼터언ʳ 티키트?

네, 다음 주 월요일에 떠납니다.

Yes, I am leaving on next Monday.
예스, 아이 앰 을리이빙ᵛ 어언
넥스트 먼데이.

무슨 일을 합니까?

What is your occupation?
와트 이즈 유어ʳ 어큐페이션?

저는 학생입니다.

I am a student.
아이 앰 어 스튜우던트.

가족이나 친척이
여기에 살고 있습니까?

Do you have family members or relatives living here?
두우 유우 해ᵛ 패멀리 멤버ʳ스
오어ʳ 뤨러티ᵛ브스 을리빙ᵛ 히어ʳ?

네, 제 삼촌이 여기에 거주하십니다.

Yes, my uncle does.
예스, 마이 잉클 더즈.

세관신고
customs declaration
커스텀스 데클러뤠이션

세관 신고할 것이 있습니까?

Do you have anything to declare?
두우 유우 해ʰᵛ
애니띵ᵗʰ 투 디클레어ʳ?

아니요, 없습니다.

No, I don't.
노우, 아이 도운트.

세관신고서를 주십시오.

Please hand me the customs declaration card.
플리이즈 핸드 미이 더ᵗʰ
커스텀스 데클러뤠이션 카아ʳ드.

여기 있습니다.

Here it is.
히어ʳ 이트 이즈.

기내식
in-flight meal
인플라이트 미일

닭고기인가요 소고기인가요?

Chicken or Beef?
취킨 오어ʳ 비이프ᶠ?

소고기로 주세요.

Beef, please.
비이프ᶠ, 플리이즈.

뭐 좀 마실 수 있을까요?

Can I have a drink?
캔 아이 해ʰᵛ 어 드륑크?

커피 아니면 차?

Coffee or tea?
커어퓌이 오어ʳ 티이?

커피 좀 마시고 싶어요.

I would like to have some coffee.
아이 우드 을라이크 투 해ʰᵛ
썸 커어퓌이.

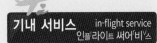

기내 서비스 in-flight service
인플^{f}라이트 써어^{r}비^{v}스

안전띠

seat belt
쓰이트 벨트

기내 화장실

lavatory
을래버^{v}토어뤼

토사물 봉지

sick bag
쓰이크 배액

구명조끼

life vest
을라이프^{f} 베^{v}스트

헤드폰

headset
헤드세트

담요

blanket
블랭키트

약

medicine
메디쓰인

제 자리가 어디인가요?
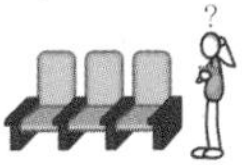

Where is my seat?
웨어^{r} 이즈 마이 쓰이트?

담요 좀 주세요.

Blanket, please.
블랭키트, 플리이즈.

저 몸이 별로 안 좋아요.
I am not feeling well.
아이 앰 나아트 피^{f}일링 웰.

멀미약 주세요.

Medicine for motion sickness, please.
메디쓰인 포^{f}어^{r}
모우션 쓰이크니스, 플리이즈.

교통
traffic
트뤠피'크

버스
bus
버스

카드
card
카아'드

버스 정류장
bus stop
버스 스타프

하루 승차권
one day pass
원 데이 패스

종점
last stop
을래스트 스타프

자동판매기
vending machine
벤v딩 머쉬인

시간표
timetable
타임테이블

여기서 교통카드를 살 수 있어요?

**Can I buy a
transportation card here?**
캔 아이 바이 어
트뤤스퍼'테이션 카아'드 히어'?

버스 정류장이 어디에 있나요?
Where is the bus stop?
웨어' 이즈 더th 버스 스타프?

어느 버스가 시내로 가나요?

Which bus goes downtown?
위취 버스 고우즈 다운타운?

교통카드를 사고 싶어요.
**I would like to buy a
transportation card.**
아이 우드 을라이크 투 바이 어
트뤤스퍼'테이션 카아'드.

7번 버스를 타세요.
Take the bus number 7.
테이크 더th 버스 넘버' 쎄븐v.

이거 얼마예요?
How much is it?
하우 머취 이즈 이트?

버스가 얼마나 자주 오나요?
How often does the bus run?
하우 어펀' 더즈 더th 버스 뤈?

44

지하철
subway
써브웨이

수송
transportation
트렌스퍼「테이션

정거장(역)

station
스테이션

비행기
airplane
에어「플레인

지도

map
매프

기차
train
트뤠인

지하철 노선도 하나 주시겠어요?

Can I have a subway map?
캔 아이 해브v 어 써브웨이 매프?

배
ship
쉬프

환승을 해야 하나요?
Do I need to transfer?
두우 아이 니이드 투 트뤤스풔어「?

몇 정거장이나 떨어져 있나요?

How many stops from here?
하우 메니 스탑스 프뤔 히어「?

택시
taxi
택쓰이

택시 승차장
taxi stand
택쓰이 스탠드

미터기
fare meter
페어ʳ 미이터ʳ

짐칸
trunk
트렁크

저를 거기로 데려다줄 수 있어요?
Can you take me there?
캔 유우 테이크 미이 데ᵗʰ어ʳ?

미터기 켜 주세요.

Meter, please.
미이터ʳ. 플리이즈.

여기서 세워 주세요.

Stop here, please.
스타프 히어ʳ. 플리이즈.

트렁크를 열어 주세요.

Open the trunk, please.
오우픈 더ᵗʰ 트렁크. 플리이즈.

여기서 내려줄 수 있어?
Can you drop me off here?
캔 유우 드롸프 미이 어프ʳ 히어ʳ?

렌트
rent
뤤트

자전거
bicycle
바이쓰이클

오토바이
motorcycle
모우터ʳ싸이클

자동차
car
카아ʳ

운전
driving
드롸이빙ᵛ

운전수

driver
드라이버ᵛˑʳ

운전면허증

driving license
드라이빙ᵛ 을라이쎈스

이용할 수 있다

available
어베ᵛ일러블

하루

day
데이

차를 한 대 빌리고 싶어요.

I would like to rent a car.
아이 우드 을라이크 투
뤤트 어 카아ʳ.

하루에 얼마씩인가요?

How much is it for 1 day?
하우 머춰 이즈 이트
포ᵖ어ʳ 원 데이?

지도
map
매프

주소
address
어드뤠스

가
avenue
애버뉴우

거리
street
스트뤼이트

목적지
destination
데스티네이션

길을 잃다
lost
을러스트

화장실
toilet
토일레트

정거장
station
스테이션

호텔
hotel
호우텔

미술관
art museum
아트 뮤즈이엄

매표소
ticket office
티키트 어어피스

가고 싶어.
I want to go.
아이 원트 투 고우.

가자!
Let's go!
을레츠 고우!

저는 길을 잃었어요.
I am lost.
아이 앰 을러스트.

여기가 어디예요?
Where am I?
웨어 앰 아이?

화장실이 어디예요?
Where is the toilet?
웨어 이즈 더th 토일레트?

여기.

Here.
히어.

곧 돌아올게요.

I will be right back.
아이 윌 비이 라이트 배크.

저 바로 여기 있을게요.
I will be right here.
아이 윌 비이 라이트 히어.

지하철역을 찾고 있어요.

**I am looking for
a subway station.**
아이 앰 을루킹 포어
어 써브웨이 스테이션.

왼쪽으로 꺾으세요.
Turn left.
터언 을레프트.

근처에 호텔이 있나요?
**Is there a hotel
around here?**
이즈 데어 어 호우텔
어롸운드 히어?

거기에 어떻게 갈 수 있죠?
How can I get there?
하우 캔 아이 게트 데어?

직선으로 쭉 가세요.
Go straight.
고우 스트뤠이트.

현대 미술관에 가려면
어떻게 해야 하나요?
**How can I get to the
Museum of modern art?**
하우 캔 아이 게트 투 더
뮤즈이엄 어브 머더언 아트?

거기까지 걸어서 갈 수 있나요?

Can I go there on foot?
캔 아이 고우 데어 언 푸트?

이 근처예요.

It's near here.
이츠 니어 히어.

표를 어디에서 사나요?
Where is the ticket booth?
웨어 이즈 더 티키트 부우뜨?

길
way
웨이

대로
boulevard
보우리바v r드

고속도로
expressway
익스프뤠스웨이

길 | 도로
road
뤄우드

거리
street
스트뤼이트

가
avenue
애버v뉴우

지름길
shortcut
쇼오r트커트

골목길
alley
앨리

구역
block
블라크

횡단보도
crosswalk
크뤄스워크

좁다
narrow
내뤄우

넓다
wide
와이드

곧다
straight
스트뤠이트

거리
distance
디스턴스

가깝다
near
니어r

멀다
far
파f아r

이곳이 얼마나 먼가요?
How far is it?
하우 파f아r 이즈 이트?

이 근처예요.
It's near here.
이츠 니어r 히어r.

방향
direction
디렉션

동쪽
east
이이스트

서쪽
west
웨스트

남쪽
south
싸우뜨th

북쪽
north
노어뜨th

앞
front
프런트

뒤
back
배크

옆
side
싸이드

오른쪽
right side
라이트 싸이드

왼쪽
left side
을레프트 싸이드

안쪽
inside
인싸이드

바깥쪽
outside
아우트사이드

꼭대기
top
타프

바닥
bottom
바틈

어느 쪽이야?
Which way?
위취 웨이?

이쪽이에요.
This way.
디th스 웨이.

장소
place
플레이스

도시
city
쓰이티

번화가
downtown
다운타운

시골
countryside
컨트뤼싸이드

마을
village
빌\리리쥐

산
mountain
마운튼

해변
beach
비이취

유적지
historic site
히스토어뤼크 싸이트

광장
square
스쿼에어\

시설
facility
퍼\쓰일러리

병원
hospital
허스피틀

약국
pharmacy
파아\머쓰이

경찰서
police station
펄리이스 스테이션

대사관
embassy
엠버쓰이

은행
bank
뱅크

현금 자동 인출기
ATM
에이티앰

주유소
gas station
개스 스테이션

소방서
fire station
파\이어\ 스테이션

우체국
post office
포우스트 어어피스

store
상점 스토어

쇼핑센터
shopping center
샤아핑 쎈터

백화점
department store
디파아트먼트 스토어

면세점
duty-free shop
듀우티-프뤼이 샤아프

기념품 가게
souvenir shop
쓰우비브니어 샤아프

편의점
convenience store
컨비브이니언스 스토어

창고형 상점
warehouse store
웨어하우스 스토어

시장
market
마아키트

슈퍼마켓
supermarket
수우퍼마아키트

벼룩시장
flea market
플리이 마아키트

영업시간이 어떻게 되나요?

What are your working hours?
와트 아 유어 워어킹 아우워스?

저희 영업시간은
낮 10시부터 밤 8시까지입니다.

**Our business hours are
from 10am till 8pm.**
아워 비즈니스 아우워스 아
프뤔 텐에이엠 틸 에이트피엠.

쇼
show
쇼우

연극	play 플레이
뮤지컬	musical 뮤즈이컬
축제	festival 페스티벌ᵛ
전시	exhibition 익즈이비션
영화	movie 무우비ᵛ

재미있을 거야!

It will be fun!
이트 윌 비이 펀!

나는 처음이에요.
It's my first time.
이츠 마이 퍼어ʳ스트 타임.

볼거리
attraction
어트뢕션

수족관	aquarium 어쿠웨이뤼엄
박물관	museum 뮤즈이엄
미술관	art museum 아ʳ트 뮤즈이엄
극장	theater 띠ᵗʰ어터ʳ
영화관	movie theater 무우비ᵛ 띠ᵗʰ어터ʳ
도서관	library 을라이브러뤼
서점	book store 부크 스토어ʳ
공원	park 파아ʳ크

표	ticket 티키트

요금	fee 피^f이

매표소
ticket office
티키트 어어피^f스

입장료

entrance fee
엔트런스 피^f이

학생

student
스튜우던트

현금
cash
캐쉬

할인
discount
디스카운트

동전

coin
코인

표를 어디에서 사나요?

Where is the ticket booth?
웨어^r 이즈 더th 티키트 부우쁘th?

거스름돈

change
췌인쥐

어디에서 표를 살 수 있나요?

Where can I buy tickets?
웨어^r 캔 아이 바이 티키츠?

입장료가 얼마인가요?
How much is the admission fee?
하우 머치 이즈 디th 어드미션 피^f이?

얼마예요?
How much?
하우 머취?

학생 할인되나요?

**Do you have a
student discount?**
두우 유우 해브^v 어
스튜우던트 디스카운트?

안내 데스크 information desk
인포「메이션 데스크

안내 책자

brochure
브뤄우슈어「

입장

entry
엔트뤼

중간 휴식
intermission
인터「미션

안내 책자 좀 받을 수 있을까요?

Can I get a brochure?
캔 아이 게트 어 브뤄우슈어「?

축제가 있습니까?
Is there a festival?
이즈 데「어「 어 페「스티벌「?

언제부터 언제까지요?
From when until when?
프뤔 웬 언틸 웬?

공연이 몇 시에 시작하나요?
When does the show begin?
웬 더즈 더th 쇼우 비긴?

공연이 몇 시에 끝나나요?
When does the show end?
웬 더즈 더th 쇼우 엔드?

사진기 camera
캐므뤄

사진 좀 찍어 주세요.
Take a picture, please.
테이크 어 픽쳐「, 플리이즈.

치즈~!(사진 찍을 때)
Say cheese!
쎄이 취이즈!

여기에서 사진 찍어도 되나요?
Can I take pictures here?
캔 아이 테이크 픽쳐「스 히어「?

여기서 사진 찍으면 안 돼요.

**You cannot
take pictures here.**
유우 캐나아트
테이크 픽쳐「스 히어「.

ADVANCED +

앞줄	front row
뒷줄	back row
일등석(1층)	stalls
특별석(2층)	dress circle
정면석(2층)	upper circle
전체 관람가	general audiences (G)
부모 동반 관람가	parental guidance suggested (PG)
13세 이하 부모 동반 관람가	parents strongly cautioned (PG-13)
17세 미만 성인 동반 관람가	restricted (R)
17세 미만 관람 불가	no one 17 and under admitted (NC-17)

호텔
hotel
호우텔

체크 인
check-in
췌킨

체크 아웃
check-out
췌카우트

로비
lobby
을라아비

프런트데스크
front desk
프런트 데스크

안내원
concierge
컨쓰이어「쥐

예약
reservation
뤠져「베이션

빈방
vacancy
베이컨쓰이

객실별 가격
room rate
루움 뤠이트

숙박등록카드
registration card
뤠쥐스트뤠이션 카아드

보증금
deposit
디파즈이트

노쇼
no-show
노우-쇼우

취소 부과금

cancellation charge
캔쓸레이션 촤아「쥐

체크인하고 싶습니다.

Check in, please.
췌크 인, 플리이즈.

체크아웃하고 싶습니다.

Check out, please.
췌크 아웃, 플리이즈.

언제 체크인할 수 있나요?
What time can I check-in?
왓 타임 캔 아이 췌킨?

체크아웃은 언제인가요?

When is the check-out?

웬 이즈 더th 췌카우트?

가방을 보관해 주실 수 있나요?

Can you keep my bags?

캔 유우 키이프 마이 배액스?

예약하셨나요?

Did you make a reservation?

디드 유우 메이크 어 뤠져r베r이션?

인터넷으로 예약했어요.

I made a reservation online.

아이 메이드 어 뤠져r베r이션 어언라인.

방을 예약할 수 있을까요?

Can I book a room?

캔 아이 부크 어 루움?

싱글룸으로 주세요.

Single room, please.

쓰잉글 루움, 플리이즈.

여기에 얼마나 머무르실 건가요?

**How long
are you staying here?**

하우 을로옹
아r 유우 스테이잉 히어r?

3박.

3 nights.

쓰th뤼이 나이츠.

숙박료가 얼마인가요?

What is the room rate?

와트 이즈 더th 루움 뤠이트?

하룻밤 더 묵고 싶습니다.

**I would like to
stay one more night.**

아이 우드 을라이크 투
스테이 원 모어r 나이트.

예약이 꽉 찼어요.

Fully booked.

풀리 북드.

즐겁게 머물렀습니다.

I enjoyed my stay.

아이 인조이드 마이 스테이.

방
room
루움

방 번호	**room number** 루움 넘버
싱글 룸	**single room** 쓰잉글 루움
더블 룸	**double room** 더블 루움
트윈 룸	**twin room** 트윈 루움
트리플 룸	**triple room** 트뤼플 루움
패밀리 룸	**family room** 패'멀리 루움
스위트 룸	**suite room** 스위이트 루움
바다 전망	**ocean view** 오우쉬언 뷰우

산 전망	**mountain view** 마운튼 뷰우
도시 전망	**city view** 쓰이티 뷰우
높은 층	**high floor** 하이 플로어'
발코니	**balcony** 밸커니
객실 업그레이드	**up-grading** 업-그뤠이딩

침대
bed
베드

싱글 침대	**single bed** 쓰잉글 베드
더블 침대	**double bed** 더블 베드

트윈 침대

twin bed
트윈 베드

킹 침대

king bed
킹 베드

간이침대

extra bed
엑스트뤄 베드

침대를 추가로 이용할 수 있어요?

Can I have an extra bed?
캔 아이 해브ᵛ 언 엑스트뤄 베드?

룸 서비스 ~~room service~~
루움 써어ʳ비ᵛ스

무료 제공 음료

complimentary
컴플리멘트뤼

객실 청소

make up room
메이크 어프 루움

모닝 콜

wake-up call
웨이커프 커얼

세탁물

laundry
을러언드뤼

방 청소 부탁합니다.
Clean up my room, please.
클리인 어프 마이 루움. 플리이즈.

7시에 깨워 주세요.

**Wake-up call
at 7, please.**
웨이커프 커얼
애트 쎄븐ᵛ, 플리이즈.

세탁 서비스를 이용할 수 있나요?

**Is there a
laundry service?**
이즈 데ᵗʰ어ʳ 어
을러언드뤼 써어ʳ비ᵛ스?

요청
request
뤼퀘스트

열쇠

key
키이

에어컨

air conditioner
에어컨디셔너

히디

heater
히이터

리모컨
remote control
뤼모우트 컨트뤄울

미니 바
mini bar
미니 바아

전기 주전자
electric kettle
일렉트뤽 케틀

더운 물

hot water
하트 워어터

변환 플러그
adapter
어댑터

복도
hallway
허얼웨이

소음

noise
노이즈

수영장

swimming pool
스위밍 푸울

셔틀버스
shuttle bus
셔틀 버스

택시

taxi
택쓰이

열쇠를 잃어버렸어요.
I lost my key.
아이 을러스트 마이 키이.

열쇠를 두고 나와서 못 들어가요.

I locked myself out.
아이 을락트 마이쎌프 아웃.

방이 너무 추워요.
My room is too cold.
마이 루움 이즈 투우 코울드.

에어컨이 작동하지 않아요.

The air-conditioner doesn't work.
디th 에어─컨디셔너
더즌트 워어ㅋ.

뜨거운 물이 나오지 않아요.

There is no hot water.
데th어 이즈 노우 하트 워어터.

변환 플러그가 있나요?

Do you have an adapter?
두우 유우 해ㅂv 언 어댑터?

옆방이 너무 시끄러워요.

My next door is too noisy.
마이 넥스트 도오어
이즈 투우 노이즈이.

내 방을 바꾸고 싶어요.

I want to change my room.
아이 원트 투 췌인쥐 마이 루움.

방 번호를 알려 주세요.

Your room number, please.
유어 루움 넘버, 플리이즈.

여기 502호인데요.

This is room number 502.
디th스 이즈 루움 넘버
파이브 vz이뤄우 투우.

수영 하고 싶어요.

I want to swim.
아이 원트 투 스윔.

셔틀버스가 있나요?

Do you have a shuttle bus?
두우 유우 해ㅂv 어 셔틀 버스?

택시를 좀 불러 주세요.

Call a taxi, please.
커얼 어 택쓰이, 플리이즈.

인터넷
Internet
인터'네트

무선인터넷
Wi-Fi
와이파'이

비밀번호
password
패스워어'드

인터넷을 사용할 수 있나요?
Can I use the Internet?
캔 아이 유우즈 디th 인터'네트?

와이파이가 되나요?

Is Wi-Fi available?
이즈 와이파'이 어베v일러블?

와이파이 비밀번호가 뭐예요?

What is the Wi-Fi password?
와트 이즈 더th 와이파'이 패스워어'드?

화장실
toilet
토일레트

수건
towel
타우얼

화장지
tissue paper
티슈 페이퍼'

거울
mirror
미뤄'

욕실용품
amenity
어메니티

비누
soap
쏘우프

빗
brush
브뤄쉬

치약
toothpaste

투우뜨th페이스트

칫솔
toothbrush
투우뜨th브뤄쉬

면도기
razor
뤠이즈어r

헤어드라이어
hair dryer
헤어r 드라이어r

샤워기
shower hose
샤우워r 허우즈

욕조
bath tub
배뜨th 텁

목욕 가운
bathrobe
배뜨th뤄우브

깨끗하다
clean
클리인

더럽다
dirty
더어r티

침대
bed
베드

베개
pillow
필로우

이불
blanket
블랭키트

침대 커버
bed cover
베드 커버v.r

새롭다
new
뉴우

침대 커버를 갈아주세요.

Please change the bed cover.
플리이즈 췌인쥐 더th
베드 커버v.r

식사
meal
미일

식당
restaurant
레스토라안트

아침 식사
breakfast
브렉퍼'스트

점심시간
lunch time
을런취 타임

점심 식사
lunch
을런취

휴식시간
break time
브레이크 타임

저녁 식사
dinner
디너'

한식당
Korean restaurant
커리이언 레스토라안트

맛있게 드세요.

Enjoy your meal.
인조이 유어' 미일.

근처에 한국 음식점이 있나요?

**Is there a
Korean restaurant nearby?**
이즈 데th어' 어
커리이언 레스토라안트 니어'바이?

아침 식사는 언제인가요?
What time is breakfast?
와트 타임 이즈 브렉퍼'스트?

배고파요.

I am hungry.
아이 앰 헝그뤼.

좋은 식당을
추천해 주실 수 있나요?

**Can you recommend a
good restaurant?**
캔 유우 뤠커멘드 어
구드 뤠스트롸안트?

배불러요.

I am full.
아이 앰 풀'.

예약
reservation
뤼져ʳ베ᵛ이션

대기
waiting
웨이팅

방문객

visitor
비ᵛ지터ʳ

대기자 명단
waiting list
웨이팅 을리스트

이름
name
네임

다음의

next
넥스트

시간
(24)
time
타임

이전의
previous
프뤼비ᵛ어스

예약하셨나요?

Did you make a reservation?
디드 유우 메이크 어 뤼져ʳ베ᵛ이션?

기다려야 하나요?
Do I have to wait?
두우 아이 해브ᵛ 투 웨이트?

예약해 뒀어요.
I have a reservation.
아이 해브ᵛ 어 뤼져ʳ베ᵛ이션.

저를 대기 명단에
올려주실 수 있나요?
**Could you put me
on the waiting list?**
쿠드 유우 푸트 미이
언 더ᵗʰ 웨이팅 을리스트?

7시에 2명 예약이요.

**Reservation
at 7 for 2.**
뤼져ʳ베ᵛ이션
애트 쎄븐ᵛ 포ʳ어ʳ 투우.

기다릴 수 있어요.
I can wait.
아이 캔 웨이트.

기다려 주셔서 감사합니다.
Thank you for your waiting.
땡ᵗʰ크 유우 포ʳ어ʳ 유어ʳ 웨이팅.

메뉴
menu
메뉴우

애피타이저

appetizer
애피타이즈어ʳ

음식

food
푸ʲ우드

현지 음식

local food
을로우컬 푸ʲ우드

반찬

side dish
싸이드 디쉬

음료

drink
드링크

메뉴판 주세요.

Menu, please.
메뉴우, 플리이즈.

한국어 메뉴판 있어요?

Do you have a Korean menu?
두우 유우 해브ᵛ 어 커뤼이언 메뉴우?

영어 메뉴판 있어요?

Do you have an English menu?
두우 유우 해브ᵛ 언 잉글리쉬 메뉴우?

이건 어떤 음식인가요?

What kind of food is it?
와트 카인드 어브ᵛ 푸ʲ우드 이즈 이트?

주문
order
오어ʳ더ʳ

종업원
waiter | waitress
웨이터ʳ | 웨이트뤄스

저기요(종업원을 부를 때).
Excuse me.
익스큐우즈 미이.

주문할게요.
Order, please.
오어ʳ더ʳ, 플리이즈.

주문 받을까요?

May I take your order?
메이 아이 테이크 유어ㄹ 오어ㄹ더ㄹ?

2번 세트 주세요.

Meal number 2, please.
미일 넘버ㄹ 투우. 플리이즈.

이걸로 주세요.

This one, please.
디ㅅ스 원. 플리이즈.

이 요리와 가장 잘 어울리는
와인은 어떤 건가요?

**Which wine goes best
with the dish?**
위취 와인 고우즈 베스트
위드 th 더th 디쉬?

레드와인으로 한 잔 부탁드립니다.

**I will have a glass
of red wine, please.**
아이 윌 해브v 어 글래스
어브v 뤠드 와인. 플리이즈.

음식 알레르기가 있으신가요?

**Do you have
any food allergies?**
두우 유우 해브v
애니 푸ㄹ우드 얼러ㄹ쥐스?

저는 땅콩 알레르기가 있습니다.

I am allergic to peanuts.
아이 앰 얼러ㄹ쥐크 투 피이너ㅊ.

땅콩이 들어 있나요?

Does it contain peanuts?
더즈 이트 컨테인 피이너ㅊ?

땅콩은 빼고 주세요.

**Without peanuts
for me, please.**
위다th아우트 피이너ㅊ
포ㄹ어ㄹ 미이. 플리이즈.

더 맵게 해주시겠어요?

**Please make it
more spicy.**
플리이즈 메이크 이트
모어ㄹ 스파이쓰이.

제가 주문한 게 아니에요.

I didn't order this.
아이 디든트 오어ㄹ더ㄹ 디ㅅ스.

식기류
tableware
테이블웨어

숟가락
spoon
스푸운

젓가락
chopsticks
촤압스틱스

포크
fork
포'어크

칼
knife
나이프

컵
cup
커프

접시
dish
디쉬

병
bottle
바틀

냅킨
napkin
냅킨

물티슈
wet tissue
웨트 티슈

숟가락을 떨어뜨렸어요.

I dropped my spoon.
아이 드랍트 마이 스푸운.

냅킨 좀 주세요.

Napkins, please.
냅킨스, 플리이즈.

포장 takeout 테이크아우트

배달 delivery 딜리버^{v}뤼

남은 음식 leftover 을레프^{f}트오우버^{v,r}

여기서 드십니까, 포장하십니까?

For here or to go?
포^{f}어^{r} 히어^{r} 오어^{r} 투 고우?

여기서 먹겠습니다.
For here, please.
포^{f}어^{r} 히어^{r}, 플리이즈.

포장입니다.
To go, please.
투 고우, 플리이즈.

이거 싸주시겠어요?
Can you wrap this, please?
캔 유우 뤠프 디th스, 플리이즈?

담아갈 봉지 하나 주시겠어요?
Can I have a doggy bag?
캔 아이 해브^{v} 어 더기 배액?

청구서 bill 비일

팁 tip 티프

계산서 주세요.
Bill, please.
비일, 플리이즈.

내가 계산할게.
It's on me.
이츠 어언 미이.

한 사람이 계산합니다.
One bill.
원 비일.

각자 계산합니다.

Separate bills.
쎄퍼뤠이트 비일스.

팁을 줘야 하나요?
Do I have to tip?
두우 아이 해브^{v} 투 티프?

잔돈은 괜찮아요.

Keep the change.
키이프 더th 췌인쥐.

음식
food
푸ㅣ우드

패스트푸드
fast food
패ㅣ스트 푸ㅣ우드

수프
soup
쑤우프

햄버거
hamburger
햄버어ㅣ거ㅣ

샐러드

salad
쌜러드

감자튀김
French fries
프ㅣ뤤취 프ㅣ라이즈

스테이크
steak
스테이크

토스트

toast
토우스트

피자
pizza
핏즈아

샌드위치
sandwich
쌘드위취

파스타
pasta
파아스타

핫도그
hot dog
하트 도어ㅣ그

국수

noodle
누우들

2번 세트 주세요.
Meal number 2, please.
미일 넘버ㅣ 투우, 플리이즈.

여기서 먹겠습니다.
For here, please.
포ㅣ어ㅣ 히어ㅣ, 플리이즈.

포장입니다.
To go, please.
투 고우, 플리이즈.

디저트

dessert
디저트

빵
bread
브뤠드

케이크
cake
케이크

마카롱
macaroon
매커루운

푸딩
pudding
푸딩

와플
waffle
워플

브라우니
brownie
브롸우니

아이스크림
ice-cream
아이스크뤼임

과자
cookie
쿠키

초콜릿
chocolate
춰어컬리트

사탕
candy
캔디

커피 그리고 빵.

Coffee and bread.
커어퓌'이 앤드 브뤠드.

바닐라 아이스크림
한 스쿠프 주세요.

**One scoop of
vanilla ice cream, please.**
원 스쿠우프 어브v
버v닐라 아이스 크뤼임, 플리이즈.

과일
fruit
프루우트

사과
apple
애플

배
pear
페어ㄹ

포도
grape
그뤠이프

딸기
strawberry
스트뤄어베어뤼

키위
kiwi
키위

바나나
banana
버내너

복숭아
peach
피이취

파인애플
pineapple
파이내플

멜론
melon
멜런

수박
water melon
워어터ㄹ 멜런

체리
cherry
췌어뤼

매실
plum
플럼

감
persimmon
퍼ㅆ이먼

귤
tangerine
탠져뤼인

오렌지
orange
어륀쥐

자몽
grapefruit
그뤠입프루트

레몬
lemon
을레먼

유자	citron 쓰이트뤈
망고	mango 맹고우
리치	lychee 을리취이
망고스틴	mangosteen 맹거스티인
파파야	papaya 파파야
아보카도	avocado 아보ᵛ카도우
코코넛	coconut 코우커너트
두리안	durian 두우뤼언

고기
meat
미이트

닭고기	chicken 취킨
돼지고기	pork 포어크
소고기	beef 비이프
오리고기	duck 더크
양고기	lamb	mutton 을래앰	머튼
부드럽다	soft 쏘오프트
단단하다	hard 하아드

해산물
seafood
쓰이푸우드

생선	fish 피쉬
광어	flatfish 플래트피쉬
연어	salmon 쌜먼
참치	tuna 튜우나
성게	sea urchin 쓰이 어친
새우	shrimp 슈륌프

야채
vegetable
베V쥐터블

식재료
ingredients
인그뤼이디언츠

야채		식재료	
마늘	**garlic** 가알V리크	쌀	**rice** 라이스
양파	**onion** 어니언	빵	**bread** 브뤠드
토마토	**tomato** 터메이토우	계란	**egg** 에그
당근	**carrot** 캐뤄트	콩	**bean** 비인
감자	**potato** 포테이토우	견과류	**nut** 너트
고구마	**sweet potato** 스위이트 포테이토우	버섯	**mushroom** 머쉬루움
신선한가요?	**Fresh?** 프뤠쉬?	치즈	**cheese** 취이즈

조미료
seasoning
쓰이즈닝

소금
salt
써얼트

설탕
sugar
슈거ㄹ

벌꿀
honey
허니

후추
pepper
페퍼ㄹ

된장
soybean paste
쏘이비인 페이스트

식초
vinegar
비ㅂ네거ㄹ

와사비
wasabi
와아사비

고추기름
chili oil
취일리 오일

소스
sauce
쏘오스

간장
soy sauce
쏘이 쏘오스

케챱
ketchup
케쳐프

마요네즈
mayonnaise
메이어네이즈

머스타드 소스
mustard sauce
마스터어ㄹ드 쏘오스

칠리소스
chili sauce
취일리 쏘오스

데리야끼 소스
teriyaki sauce
테뤼야키 쏘오스

바비큐 소스
barbecue sauce
바아ㄹ베큐우 쏘오스

깨소스
sesame sauce
쎄써미 쏘오스

78

굴소스
oyster sauce
오이스터' 쏘오스

타르타르 소스
tartar sauce
타아'터어' 쏘오스

익힘 정도
cooking
쿠킹

겉만 익힌
rare
뤠어'

살짝 익힌
medium-rare
미이디엄 뤠어'

중간 정도 익힌
medium
미이디엄

잘 익힌
medium-well done
미이디엄 웰 던

완전히 익힌
well done
웰 던

음식이 덜 익었어요.

It's not cooked enough.
이츠 나아트 쿠드 이너프.

음식이 너무 익었어요.
It's overcooked.
이츠 오우버'쿡드.

레시피
recipe
뤠써피

데침
blanched
블랜취드

조림
boiled
보일드

찜
steamed
스티임드

삶음
boiled
보일드

무침
seasoned
쓰이즌드

절임
pickled
피클드

부침
fried
프라이드

볶음
stir-fried
스터어-프라이드

튀김
deep-fried
디이프-프롸이드

구이
roasted
뤄우스티드

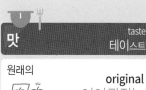

맛 taste 테이스트

원래의

original
어어뤼쥐늘

시다

sour
싸우어ㄹ

쓰다

bitter
비터ㄹ

맵다

spicy
스파이쓰이

달다

sweet
스위이트

짜다

salty
써얼티

너무 달아요.
It's too sweet.
이츠 투우 스위이트.

너무 짜요.
It's too salty.
이츠 투우 써얼티.

맛 좋아?

Does it taste good?
더즈 이트 테이스트 구드?

맛있다.

It's good. | It's delicious.
이츠 구드. | 이츠 딜리셔스.

더 맵게 해주시겠어요?

Please make it more spicy.
플리이즈 메이크 이트 모어ㄹ 스파이쓰이.

냄새 smell 스멜

악취

bad smell
배드 스멜

향기
scent
쎈트

음료
drink
드링크

물
water
워어터r

수돗물
tab water
태브 워어터r

탄산수
sparkling water
스파r아클링 워어터r

차
tea
티이

주스
juice
쥬우스

우유
milk
미일크

핫초코
hot chocolate
하트 춰어컬리트

콜라
cola
코울러

커피
coffee
커어퓌이

목이 마르다
thirsty
떠th,r스티

목말라요.
I am thirsty.
아이 앰 떠th,r스티.

물 좀 주세요.
Water, please.
워어터r, 플리이즈.

커피 좀 마시고 싶어요.
I would like to have some coffee.
아이 우드 올라이크 투 해브v 썸 커어퓌이.

이거 서비스인가요?
Is it on the house?
이즈 이트 언 더th 하우스?

이거 공짜인가요?
Is it for free?
이즈 이트 포r어r 프뤼이?

공짜가 아닙니다.
It's not free.
이츠 나아트 프뤼이.

카페
café
캐페'이

카페인이 없는

decaf
디카프'

카페인이 조금 들어간

half-caf
해프'-카프'

커피

coffee
커어퓌'이

에스프레소

espresso
에스프레쏘우

아메리카노

americano
어메뤼카노우

카페 라테

cafe latte
캐페'이 을라아테이

바닐라 라테

vanilla latte
버ⱽ닐라 을라아테이

카페 모카

cafe mocha
캐페'이 모우커

카푸치노

cappuccino
캐푸취이노우

밀크 티

milk tea
미일크 티이

그린 티

green tea
그뤼인 티이

레몬에이드

lemonade
을레먼에이드

밀크셰이크

milkshake
미일크슈에이크

초코 프라페
chocolate frappe
춰어컬리트 프라아프

어떤 것으로 드릴까요?
What would you like?
와트 우드 유우 을라이크?

카페라테 주세요.

Cafe latte, please.
캐페'이 을라아테이, 플리이즈.

술집	bar 바아

맥줏집	pub 퍼브

클럽	club 클럽

술	alcohol 앨커호올

맥주	beer 비어ʳ

생맥주	draft beer 드뤠프ᵗ 비어ʳ

흑맥주	dark beer 다아ʳㅋ 비어ʳ

병맥주	bottled beer 바틀ᵈ 비어ʳ

캔맥주	canned beer 캐엔ᵈ 비어ʳ

칵테일	cocktail 칵테일

테킬라	tequila 테키일러

보드카	vodka 바ᵛ아드커

위스키	whisky 위스키

와인	wine 와인

레드 와인	red wine 뤠드 와인

화이트 와인	white wine 와이트 와인

하우스 와인	house wine 하우스 와인

건배!	Cheers! 취어ʳ싀

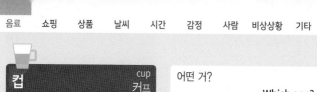

컵
cup
커프

스몰 사이즈
small size
스머얼 싸이즈

미디엄 사이즈
medium size
미이디엄 싸이즈

톨 사이즈
tall size
터얼 싸이즈

라지 사이즈
large size
을라'쥐 싸이즈

뚜껑
lid
을리드

컵 홀더
sleeve
슬리이브ᵛ

캐리어
carrier
캐뤼어ʳ

어떤 거?
Which one?
위취 원?

이걸로 주세요.
This one, please.
디ᵗʰ스 원, 플리이즈.

톨 사이즈 아이스 아메리카노
하나 주세요.

**Can I have a tall iced
americano, please?**
캔 아이 해브ᵛ 어 터얼 아이스드
어메뤼카나우, 플리이즈?

카페서비스
café service
캐페'이 써어'비스

얼음	**ice** 아이스
더블 샷	**double shot** 더블 샷
탈지유	**nonfat milk** 넌패'트 미일크
저지방 우유	**skinny milk** 스키니 미일크
두유	**soy milk** 쏘이 미일크
시럽	**syrup** 쓰이뤄프
휘핑 크림	**whipping cream** 위핑 크뤼임
시나몬 파우더	**cinnamon powder** 쓰이나먼 파우더'

리필

refill
뤼이필

흡연

smoking
스모우킹

금연

non-smoking
넌-스모우킹

좌석

seat
쓰이트

뜨거운 거요 아니면 차가운 거요?

Hot or iced?
하트 오어' 아이스드?

차가운 거요.

With ice, please.
위드th 아이스, 플리이즈.

너무 차가워요.

It's too cold.
이츠 투우 코울드.

86

너무 뜨거워요.

It's too hot.
이츠 투우 하트.

샷 추가해 주세요.

Add an extra shot, please.
애드 언 엑스트뤄 샷. 플리이즈.

설탕은 빼 주세요.

No sugar, please.
노우 슈거. 플리이즈.

리필이 되나요?

Can I get a refill?
캔 아이 게트 어 뤼이필?

금연석으로 주세요.

Non-smoking area, please.
넌스모우킹 에어뤼어. 플리이즈.

흡연석으로 주세요.

Smoking area, please.
스모우킹 에어뤼어. 플리이즈.

흡연해도 되나요?

Can I smoke here?
캔 아이 스모우크 히어?

재떨이 좀 주세요.

Please give me an ashtray.
플리이즈 기브v 미이 언 애쉬트레이.

여기 앉아도 될까요?

Is this seat taken?
이즈 디th스 쓰이트 테이큰?

앉으셔도 됩니다.

Have a seat, please.
해브v 어 쓰이트. 플리이즈.

빈 자리가 아니에요.

This seat is taken.
디th스 쓰이트 이즈 테이큰.

포장 부탁합니다.

Take out, please.
테이크 아웃. 플리이즈.

쇼핑
shopping
샤이핑

입어보다

try on
트라이 어언

품평

comment
카아멘트

제의

offer
어어퍼f.r

선택
choice
쵸이스

매진된
sold out
쏘울드 아우트

뭐 찾으세요?
Are you looking for something?
아 유우 을루킹 포어f 썸띵th?

그냥 구경하고 있어요.
I am just looking.
아이 앰 져스트 을루킹.

이것 좀 볼 수 있을까요?
Can I see this one?
캔 아이 쓰이 디th스 원?

저것 좀 보여주실 수 있나요?
Can you show me that?
캔 유우 쇼우 미이 대thㅌ?

저런 비슷한 거요.
Something like that.
썸띵th 을라이크 대thㅌ.

입어 봐도 되나요?
Can I try this on?
캔 아이 트라이 디th스 어언?

시도해 보고 싶어요.
I want to try.
아이 원트 투 트라이.

탈의실이 어디에 있나요?
Fitting room?
피팅 루움?

어때?

How is it?
하우 이즈 이트?

어느 게 더 낫니?

Which is better?
위취 이즈 베터f?

어떤 게 좋니?
Which one do you like?
위취 원 두우 유우 을라이크?

추천해 주실 만하신 게 있나요?

What would you recommend?
와트 우드 유우 뤠커멘드?

그게 마음에 드세요?

Do you like it?
두우 유우 을라이크 이트?

조금 작아요.

It's a bit too small.
이츠 어 비트 투우 스머얼.

이건 지나쳐요.

It's too much.
이츠 투우 머취.

이건 너무 수수해요.

It's too simple.
이츠 투우 쓰임플.

이걸 원해요?

Do you want it?
두우 유우 원트 이트?

이거 주세요.

Give me this.
기브v 미이 디th스.

이걸로 고를게요.

I will choose this.
아이 윌 츄우즈 디th스.

저걸로 주세요.

That one, please.
대th트 원, 플리이즈.

제대로 골랐네.

Good choice.
구드 쵸이스.

당신에게 잘 어울려요.

It looks good on you.
이트 을룩스 구드 어언 유우.

더 필요한 것 있어요?

Anything else?
애니띵th 엘스?

이 제품 있습니까?

Do you have this in stock?
두우 유우 해브v 디th스 인 스타크?

재고가 없습니다.

We're out of stock.
위어' 아우트 어브v 스타크.

크기
size
싸이즈

크다
big
비그

더 크다
bigger
비거

큰
large
을라쥐

작다
small
스머얼

더 작다
smaller
스머얼러

너무 커요.
It's too big.
이츠 투우 비그.

더 큰 치수 있나요?

Do you have a bigger size?
두우 유우 해브 어
비거 싸이즈?

너무 작아요.
It's too small.
이츠 투우 스머얼.

다른 것을 받을 수 있을까요?
Can I get something else??
캔 아이 게트 썸띵 엘스?

색깔
color
컬러

밝다

bright
브라이트

어둡다

dark
다아크

검은색

black
블래크

흰색

white
와이트

회색

grey
그뤠이

분홍색	**pink** 핑크

갈색	**brown** 브롸운

빨간색	**red** 뤠드

주황색	**orange** 어륀쥐

노란색	**yellow** 옐로우

초록색	**green** 그뤼인

파란색	**blue** 블루우

남색	**navy** 네이비ᵛ

보라색	**purple** 퍼어ʳ플

검은색도 있나요?

Do you have a black one?
두우 유우 해브ᵛ 어 블래크 원?

다른 색도 있나요?

Is there any other color?
이즈 데ᵗʰ어ʳ 애니 아더ᵗʰ.ʳ 컬러ʳ?

수량 — quantity 퀀터티

많은(불가산) much 머취

많은(가산) many 메니

충분하다 enough 이너프

부족하다 not enough 나아트 이너프

적다(양) little 을리틀

더 적다 less 을레스

몇 개? How many? 하우 메니?

그건 너무 많아요. It's too many. 이츠 투우 메니.

더 주세요.
More, please. 모어, 플리이즈.

그거면 충분해요.
That is enough. 대트 이즈 이너프.

약간.

Just a little. 져스트 어 을리틀.

상점 — store 스토어

열린 open 오우픈

닫힌 closed 클로우즈드

쇼핑센터	**shopping center** 샤아핑 쎈터ㄹ
백화점	**department store** 디파아ㄹ트먼트 스토어ㄹ
면세점	**duty-free shop** 듀우티프ㄹ뤼이 샤아프
기념품 가게	**souvenir shop** 쑤우비ㅂ니어ㄹ 샤아프
편의점	**convenience store** 컨비ㅂ이니언스 스토어ㄹ
창고형 상점	**warehouse store** 웨어ㄹ하우스 스토어ㄹ
시장	**market** 마아ㄹ키트
슈퍼마켓	**supermarket** 수우퍼ㄹ마아키트
벼룩시장	**flea market** 플ㄹ리이 마아ㄹ키트

기념품 가게는 어디에 있어요?

Where is the souvenir shop?
웨어ㄹ 이즈 더th 쑤우비ㅂ니어ㄹ 샤아프?

영업시간이 어떻게 되나요?

What are your working hours?
와트 아ㄹ 유어 워어ㄹ킹 아우워ㄹ스?

저희 영업시간은 낮 10시부터 밤 8시까지입니다.

Our business hours are from 10am till 8pm.
아워ㄹ 비즈니스 아우워ㄹ스 아ㄹ 프ㄹ뤔 텐에이엠 틸 에이트피엠.

SALE

할인 discount 디스카운트

반값

half-price
해프ㅍ-프라이스

이거 할인되나요?

Is it on sale?
이즈 이트 어언 쎄일?

주제별 사전 | 93

가격
price
프라이스

영수증
receipt
뤼쓰이트

값이 싸다

cheap
취이프

세금

tax
택스

비싸다

expensive
익스펜쓰이브ⱽ

환불

refund
뤼펀ᵈ드

매우 싸요.

It's so cheap.
이츠 쏘우 취이프.

세금 포함인가요?

Including tax?
인클루우딩 택스?

너무 비싸요.

It's too expensive.
이츠 투우 익스펜쓰이브ⱽ.

환불하고 싶어요.

I want a refund.
아이 원트 어 뤼펀ᵈ드.

바가지네!

What a rip off!
와트 어 뤼프 어프!

영수증 좀 주세요.

Can I have the receipt?
캔 아이 해브ⱽ 더ᵗʰ 뤼쓰이트?

나 돈이 없어요.

I have no money.
아이 해브ⱽ 노우 머니.

잊어버렸어요.

I forgot it.
아이 포ᶠ어ʳ가트 이트.

좀 깎아 주세요.

Give me a discount.
기브ⱽ 미이 어 디스카운트.

결제
payment
페이먼트

선물포장
gift-wrap
기프트뤱프

상품권
gift certificate
기프트 써어「티피케이트

선물
gift
기프트

할인권
voucher
바v우쳐「

상자
box
바악ㅅ

돈
money
머니

쇼핑백
shopping bag
샤아핑 배액

현금
cash
캐쉬

선물용으로 포장 가능한가요?

Can you gift-wrap it?
캔 유우 기프트뤱프 이트?

동전
coin
코인

포장하지 않아도 됩니다.
You don't have to wrap it.
유우 더운트 해브v 투 뤱프 이트.

거스름돈
change
췌인쥐

얼마예요?
How much?
하우 머취?

잔돈은 괜찮아요.
Keep the change.
키이프 더th 췌인쥐.

패션
fashion
패'쉬언

옷
clothes
클러어뜨th스

품목
item
아이템

표본
sample
쌤플

새롭다
new
뉴우

인기 있다
popular
파아퓰러'

길다
long
을로옹

짧다
short
쇼오'트

얇다
thin
띤th

두껍다
thick
띠th크

꽉 조이다
tight
타이트

외투
outwear
아우트웨어'

파카
parka
파아'크어

코트
coat
커우트

재킷
jacket
쥐키트

카디건
cardigan
카아'디건

정장
suit
쑤우트

상의 top 타프

하의 bottom 바틈

셔츠	**shirt** 셔어「트
와이셔츠	**dress shirt** 드뤠스 셔어「트
블라우스	**blouse** 블라우스
원피스	**dress** 드뤠스
티셔츠	**T-shirt** 티이쉬어「트
후드티	**hoody** 후디
스웨터	**sweater** 스웨터「

치마	**skirt** 스커「어트
바지	**pants** 팬츠
청바지	**jeans** 쥐인즈
반바지	**shorts** 쇼오「츠

ADVANCED+

면	cotton
비단	silk
마	linen
모	wool
가죽	leather
캔버스	canvas
청	denim
벨벳	velvet
모피	fur
폴리에스터	polyester
거위털	goose down
오리털	duck feather

잡화
merchandise
머어'췬다이즈

가방
bag
배액

담배
cigarette
쓰이거뤠트

손가방
handbag
핸드배액

향수
perfume
퍼'퓨'움

서류 가방
briefcase
브뤼프케이스

화장품
cosmetic
커스메티크

배낭
backpack
백패크

면세품
duty free
듀우티 프뤼이

캐리어 | 여행 가방
suitcase
쑤우트케이스

건강보조식품
health supplement
헬뜨h 써플먼트

지갑
wallet
워얼리트

가방을 찾고 있어요.

I am looking for a bag.
아이 앰 을루킹 포'어' 어 배액.

신발
shoes
슈우즈

그게 전부예요?

Is that all?
이즈 대th트 어얼?

장난감
toy
토이

그게 다예요.

That is all.
대th트 이즈 어얼.

TIP +

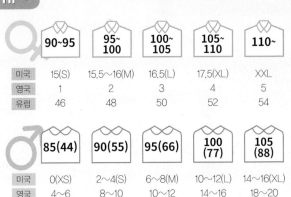

	90~95	95~100	100~105	105~110	110~
미국	15(S)	15.5~16(M)	16.5(L)	17.5(XL)	XXL
영국	1	2	3	4	5
유럽	46	48	50	52	54

	85(44)	90(55)	95(66)	100(77)	105(88)
미국	0(XS)	2~4(S)	6~8(M)	10~12(L)	14~16(XL)
영국	4~6	8~10	10~12	14~16	18~20
유럽	34	36	38	40	42

ADVANCED +

건성 피부	dry skin	피지	sebum
중성 피부	normal skin	모공	pore
복합성 피부	combination skin	주름	wrinkle
지성 피부	oily skin	피부 노화	skin aging
민감성 피부	sensitive skin	다크서클	darkness
푸석한 피부	crumbly skin	에멀전 I 로션	emulsion
거친 피부	rough skin	토너 I 스킨	toner
여드름	acne I pimple	매니큐어	nail polish
주근깨	freckles	선크림	sunblock
잡티	blemish	린스	conditioner

액세서리
accessory
액쎄서뤼

장신구	**jewelry** 쥬얼뤼
목걸이	**necklace** 네클러스
귀걸이	**earring** 이어링
팔찌	**bracelet** 브뤠이슬러트
반지	**ring** 링
시계	**clock** 클라크
안경	**glasses** 글래쓰이즈
선글라스	**sunglasses** 썬글래쓰이즈
손수건	**handkerchief** 행커'취이프
스카프	**scarf** 스카아'프
넥타이	**tie** 타이
모자	**hat** 해트
장갑	**gloves** 글러브ˇ스
양말	**socks** 싸악스
우산	**umbrella** 엄브뤨러

TIP +

여자 신발 사이즈 (단위:mm)

한국	미국	영국	유럽
220	5	2.5	35
225	5.5	3	35.5
230	6	3.5	36
235	6.5	4	37
240	7	4.5	37.5
245	7.5	5	38
250	8	5.5	38.5
255	8.5	6	39
260	9	6.5	40
270	10	7.5	42

남자 신발 사이즈 (단위:mm)

한국	미국	영국	유럽
240	6	5.5	37
245	6.5	6	38
250	7	6.5	39
255	7.5	7	40
260	8	7.5	41
265	8.5	8	42
270	9	8.5	43
275	9.5	9	43
280	10	9.5	44
285	10.5	10	44

계절
season
쓰이즌

온도
temperature
템프러쳐

봄	spring 스프링
여름	summer 써머
가을	fall 퍼얼
겨울	winter 윈터

따뜻하다	warm 워엄
뜨겁다	hot 하트
시원하다	cool 쿠울
바람이 불다	windy 윈디
춥다	cold 코울드

너무 더워요.

It's too hot.
이츠 투우 하트.

너무 추워요.

It's too cold.
이츠 투우 코울드.

날씨
weather
웨더^{th.r}

| 바람 | **wind** 윈드 |

| 안개 | **fog** 포^f오그 |

| 비 | **rain** 뤠인 |

| 눈 | **snow** 스노우 |

날이 건조하네요.
It's dry.
이츠 드라이.

날이 습하네요.
It's humid.
이츠 휴우미드.

날이 화창하네요.

It's sunny.
이츠 써니.

날이 흐리네요.

It's cloudy.
이츠 클라우디.

비가 오네요.
It's raining.
이츠 뤠이닝.

눈이 오네요.
It's snowing.
이츠 스노윙.

달력
calendar
캘린더

휴일
holiday
헐러데이

휴가
vacation
베^v이케이션

일주일
week
위이크

월
month
먼뜨th

해
year
이이어r

YY / MM / DD

날짜
date
데이트

매일의
daily
데일리

월요일
Monday
먼데이

매주의
weekly
위이클리

화요일
Tuesday
튜우즈데이

매달의
monthly
먼뜰th리

수요일
Wednesday
웬즈데이

매년의
yearly | annual
이이얼리 | 애뉴얼

목요일
Thursday
떠th,r즈데이

주말
weekend
위이켄드

금요일
Friday
프라이데이

토요일
Saturday
쌔터「데이

일요일
Sunday
썬데이

매일
everyday
에ᵇ뤼데이

어제
yesterday
예스터「데이

오늘
today
투데이

내일
tomorrow
터마아뤄우

최근의
recent
뤼쎈트

3일 전에.
3 days ago.
뜨ᵗʰ뤼이 데이즈 어고우.

2일 전에.
2 days ago.
투우 데이즈 어고우.

모레.
The day after tomorrow.
더ᵗʰ 데이 에프터「 트머로「우.

3일 후에.
3 days later.
뜨ᵗʰ뤼이 데이즈 을레이터「.

일정
schedule
스케쥬울

시간
time
타임

순간
moment
모우멘트

한가하다
free
프뤼이

바쁘다
busy
비즈이

시간
hour
아우워「

분
60"
minute
미니트

초
second
쎄컨드

한가해요.
I am free.
아이 앰 프뤼이.

나 바빠.

I am busy.
아이 앰 비즈이.

시간 없어요.
I have no time.
아이 해브ᵛ 노우 타임.

얼마 동안?

How long?
하우 을로옹?

2시간은 걸릴걸요.
It takes 2 hours.
이트 테익스 투우 아우워「s.

몇 시입니까?

What time is it?
와트 타임 이즈 이트?

106

하루
day
데이

낯
day
데이

밤
night
나이트

아침
morning
모어닝

오후
afternoon
애프터 ˈ누운

저녁
evening
이이브 ˇ닝

이르다
early
어얼리

늦다
late
을레이트

아침에.
In the morning.
인 더th 모어닝.

오후에.
In the afternoon.
인 더th 애프터 ˈ누운.

저녁에.
In the evening.
인 더th 이이브 ˇ닝.

밤에.
In the night.
인 더th 나이트.

안녕하세요 오전 .

Good morning.
구드 모어닝.

안녕하세요 오후 .

Good afternoon.
구드 애프터 ˈ누운.

안녕하세요 저녁 .

Good evening.
구드 이이브 ˇ닝.

잘 자.

Good night.
구드 나이트.

속도
speed
스피이드

빈도
frequency
프뤼이쿠언쓰이

빠르다
quick
퀵크

반복
repeat
뤼피이트

느리다
slow
슬로우

얼마나 자주?
How often?
하우 어어픈'?

빠르게.
Fast.
패'스트.

때때로.
Sometimes.
썸타임스.

서둘러서.
Quickly.
퀴클리.

자주.
Often.
어어픈.

최대한 빨리.
As soon as possible.
애즈 쑤운 애즈 파써블.

항상.
Always.
얼웨이즈.

느리게.
Slowly.
슬로우울리.

매시 정각.
Every hour on the hour.
에브'뤼 아우워' 언 디th 아우워'.

한 시간마다.
Every hour.
에브'뤼 아우워'.

두 시간마다.
Every 2 hours.
에브뤼 투우 아우워'스.

시제

tense
텐스

얼마나 자주?

How many times?
하우 메니 타임즈?

과거
past
패스트

한 번.

Once.
원스.

현재
present
프뤼젠트

두 번.

Twice.
트와이스.

미래
future
퓨'우쳐'

세 번.

3 times.
뜨뤼이 타임즈.

이전의
previous
프뤼비'어스

여러 번.
Many times.
메니 타임즈.

다음의
next
넥스트

다시.
Again.
어겐.

지금.
Now.
나우.

한 번 더.
One more time.
원 모어' 타임.

나중에.
Later.
올레이터'.

급하다
hurry
허어뤼

서둘러!

Hurry up!
허어뤼 어프!

나 급해요!

I am in hurry!
아이 앰 인 허어뤼!

언제 올 수 있는데?

When can you come?
웬 캔 유우 컴?

언제 끝낼 수 있어요?

When can you finish it?
웬 캔 유우 피니쉬 이트?

얼마나 빨리?

How soon?
하우 쑤운?

얼마나 걸립니까?

How long will it take?
하우 을로옹 윌 이트 테이크?

끝났어요?

Finished?
피니쉬드?

아직이에요.

Not yet.
나아트 예트.

곧.

Soon.
쑤운.

직접. | 곧장.

Directly.
디렉틀리.

자, 빨리빨리!

Come on! Come on!
컴 어언! 컴 어언!

가야겠어요.

I have to go.
아이 해브 투 고우.

이제 가야겠어.

It's time to go.
이츠 타임 투 고우.

긍정적 positive 파즈이티브ᵛ

호의	favor 페이버ᵛ·ʳ
괜찮다	fine 파인
편하다	comfortable 컴프터블
만족했다	satisfied 쌔티스파ᴵ이드
좋다	멋지다	good	nice 구드	나이스
즐거움	fun 펀
재미있다	interesting 인트뤠스팅
기쁨	pleasure 플레져ʳ

행복하다	happy	glad 해피	글래드
신이 났다	excited 익싸이티드
더 좋다	better 베터ʳ
최고다	best 베스트
가장 좋아하다	favorite 페이버ᵛ뤼트
아주 멋지다	wonderful 원더ʳ펄
엄청나다	great 그뤠이트
훌륭하다	excellent 엑썰런트
완벽하다	perfect 퍼어ʳ펙트

문제없어요.

There is no problem.
데ᵗʰ어ʳ 이즈 노우 프라아블럼.

나쁘지 않아.

Not bad.
나아트 배드.

그냥 그래.

So so.
쏘우 쏘우.

괜찮았어요.

It was okay.
이트 워어즈 오우케이.

잘했어.

Good job.
구드 좌압.

매우 좋아.

Very good.
베ᵛ어뤼 구드.

좋았어요.

It was good.
이트 워어즈 구드.

저도 즐거웠어요.

It was my pleasure.
이트 워어즈 마이 플레저ʳ.

최고야.

The best.
데ᵗʰ 베스트.

대단했어요.

It was great.
이트 워어즈 그뤠이트.

감동했어요.

I am moved.
아이 앰 무우ᵇᵛ드.

칭찬
praise
프레이즈

귀엽다
cute
큐우트

사랑스럽다
lovely
을러블ᵛ리

예쁘다
pretty
프뤼티

아름답다
beautiful
뷰우티플ˡ

친절하다
kind
카인드

당신 정말 친절하시군요!
You are so kind!
유우 아ᵁ 쏘우 카인드!

부정적
negative
네거티브ᵛ

미안하다
sorry
써어뤼

우습다
funny
퍼니

이상하다
strange
스트뤠인쥐

불편하다
uncomfortable
언캄퍼ᶠ터블

깜짝 놀랐다
surprised
써ᶠ프라이즈드

급작스러운
sudden
써든

무서워하다
scared
스케어ˡ드

수치심
shame
슈에임

속상하다
upset
업세트

화났다
angry
앵그뤼

나쁘다
bad
배드

지루해요.
It's boring.
이츠 보어륑.

좋지 않아.
Not good.
나아트 구드.

믿을 수 없어!
I cannot believe it!
아이 캐나아트 빌리이브 이트!

그건 충격적이었어요.
It was shocking.
이트 워어즈 샤아킹.

무서워.

I am scared.
아이 앰 스케어드.

실망했어요.

I am disappointed.
아이 앰 디써포인티드.

너무 안 좋아.
Too bad.
투우 배드.

그것참 안됐네.

That is too bad.
대th트 이즈 투우 배드.

화가 납니다.

I am angry.
아이 앰 앵그뤼.

최악이야.
The worst.
더th 워어스트.

사람
person
퍼어'슨

나이
age
에이쥐

사람들	**people** 피이플
대중	**public** 퍼블리크

혼자예요?

Are you alone?
아' 유우 얼로운?

혼자.

Alone.
얼로운.

함께.

Together.
투게더'.

일행이 계신가요?

Do you have company?
두우 유우 해브v 컴퍼니?

어른	**adult** 어덜트
아이 | 소인	**child | kid** 촤일드 | 키드
아기	**baby** 베이비
늙었다	**old** 오울드
젊다	**young** 영

나이가 어떻게 되시죠?

How old are you?
하우 오울드 아' 유우?

116

성별 sex 쎅스

남성 male 메일

여성 female 피ˈ이메일

남자 man 맨

여자 woman 워먼

소년 boy 보이

소녀 girl 거얼ˈ

친구 friend 프ˈ뤤드

남자 친구 boyfriend 보이프뤤드

여자 친구 girlfriend 거얼ˈ프뤤드

커플 couple 커플

연인 lover 을러버ᵛˈ

이웃 neighbor 네이버ʳ

가족
family
패'멀리

아빠
father
파'아더th,r

엄마
mother
마더th,r

부모님
parent
페어뤈트

남자 형제
brother
브라더th,r

여자 형제
sister
쓰이스터r

남편
husband
허즈번드

부인
wife
와이프

아들
son
썬

딸
daughter
더어터r

할아버지
grandfather
그뤤파'아더th,r

할머니
grandmother
그뤤마더th,r

삼촌 | 외삼촌
uncle
엉클

이모 | 고모
aunt
앤트

사촌
cousin
커즌

관계
relationship
릴레이션쉬프

팀
team
티임

단체
group
그루우프

구성원

member
멤버

파트너
partner
파아트너

짝
mate
메이트

룸메이트
room-mate
루움메이트

동료
colleague
컬리이그

다른 사람들
others
아더th.rㅅ

누구?

Who?
후우?

누구를 기다리고 있어요?

Who are you waiting for?
후우 아 유우 웨이팅 포어?

누구를 찾고 있어요?
Who are you looking for?
후우 아 유우 을루킹 포어?

누구랑 같이 있어요?

Who are you with?
후우 아 유우 위드th?

몸 body 바아디

키가 크다	**tall** 터얼
키가 작다	**short** 쇼오「트
체중	**weight** 웨이트
말랐다	**skinny** 스키니
살쪘다	**fat** 패「트
다이어트	**diet** 다이어트
머리	**head** 헤드
머리카락	**hair** 헤어「
얼굴	**face** 페이스
눈	**eye** 아이
코	**nose** 노우즈
입	**mouth** 마우뜨th
치아	**tooth** 투우뜨th
귀	**ear** 이어「
목	**neck** 네크
어깨	**shoulder** 쇼울더「
팔	**arm** 아「암

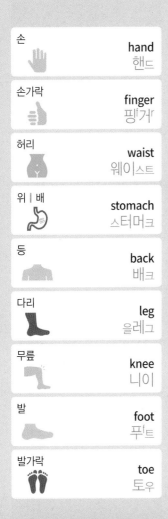

손
hand
핸드

손가락
finger
핑거

허리
waist
웨이스트

위ㅣ배
stomach
스터머크

등
back
배크

다리
leg
올레그

무릎
knee
니이

발
foot
푸트

발가락
toe
토우

비상 사태
emergency
이머어「전쓰이

사고
accident
액쓰이던트

도와주세요!
Help me!
헬프 미이!

큰일 났다.
I am in trouble.
아이 앰 인 트뤄블.

구급차를 불러 주세요.
Ambulance.
앰뷸런스.

병원에 데려다 주세요.

Please take me to the hospital.
플리즈 테이크 미이 투 더th 허스피틀.

병원이 어디에 있나요?
Where is the hospital?
웨어「 이즈 더th 허스피틀?

통역이 필요해요.
I need a translator.
아이 니이드 어 트뤤슬레이터「.

분실
lose
을루우즈

도둑
thief
띠th이프f

소매치기
pickpocket
피크파아키트

휴대폰
mobile phone
모우블 포f운

여권
passport
패스포어「트

신분증
ID card
아이디이 카아「드

여행자보험
traveler's insurance
트뤠블v러「스 인슈어뤈스

귀중품

valuables
밸v류어블스

잃어버렸어요.

I lost it.
아이 을러스트 이트.

핸드폰을 잃어버렸어요.

I lost my cellphone.
아이 을러스트 마이 쎌포'운.

경찰서가 어디에 있나요?

Where is the police station?
웨어 이즈 더th 펄리이스 스테이션?

여권을 잃어버렸어요.

I lost my passport.
아이 을러스트 마이 패스포어'트.

경찰 좀 불러 주세요.

Please call the police.
플리이즈 커얼 더th 펄리이스.

택시에 놓고 내렸습니다.

I left it in the taxi.
아이 을레프'트 이트 인 더th 택쓰이.

한국 대사관에 연락해 주세요.

Please contact the Korean embassy.
플리이즈 컨택트 더th 커뤼이언 엠버쓰이.

지갑을 도둑맞았습니다.

I had my wallet stolen.
아이 해드 마이 워얼리트 스토울른.

휴대전화 좀 빌려줄 수 있어요?

Could I borrow your cellphone?
쿠드 아이 바아뤄우 유어' 쎌포'운?

신용카드를 취소하고 싶습니다.

I would like to cancel my credit card.
아이 우드 을라이크 투 캔쓸 마이 크뤠디트 카아'드.

진정해.

Easy. Easy.
이이즈이. 이이즈이.

언제든지.

Anytime.
애니타임.

건강
health
헬뜨th

상태	condition 컨디션
질병	disease 디즈이즈
지쳤다	tired 타이어ㄹ드
아프다	sick 쓰이크
고통	pain 페인
고통스럽다	painful 페인풀
심각하다	serious 쓰이리어스
두통	headache 헤데이크

복통	stomachache 스터머크에이크
요통	backache 배크에이크
근육통	muscle ache 머쓸 에이크
몸살	body aches 바아디 에이크스
치통	toothache 투우떼th이크
소화불량	indigestion 인디줴스츄언
설사	diarrhea 다이어뤼아
생리통	period cramps 피어뤼어드 크뤰프스
감기	cold 코울드

콧물

runny nose
뤄니 노우즈

상처

wound
우운드

알레르기

allergy
얼러어「쥐

메스꺼움

nausea
너어즈이아

비행기 멀미하는

airsick
에어「쓰이크

차멀미하는

carsick
카아「쓰이크

뱃멀미하는

seasick
쓰이쓰이크

괜찮아요?

Are you okay?
아「 유우 오우케이?

저 몸이 별로 안 좋아요.
I am not feeling well.
아이 앰 나아트 피일링 웰.

피곤해요.
I am tired.
아이 앰 타이어「드.

아파요?

Are you sick?
아「 유우 쓰이크?

아파요.
I am sick.
아이 앰 쓰이크.

나 감기 걸렸어.
I caught a cold.
아이 커어트 어 코울드.

열이 납니다.
I have a fever.
아이 해브ᵛ 어 피이버ᵛᵣ.

전신이 다 아파요.
My whole body aches.
마이 호울 바아디 에이크스.

체한 것 같아요.
I have indigestion.
아이 해브ᵛ 인디줴스츄언.

치료
treatment
트릿트먼트

약
medicine
메디쓰인

진통제
painkiller
페인킬러ʳ

소화제
digestive tablets
다이줴스티브ᵛ 태블리츠

지사제 | 설사약
antidiarrheal
앤티다이어뤼얼

감기약
cold tablets
코울드 태블리츠

안약
eye drops
아이 드라프스

생리대
sanitary napkin
쌔너테어뤼 냅킨

기저귀
diaper
다이어퍼어ʳ

반창고
band-aid
밴드-에이드

주사
injection
인줵션

피
blood
블러드

복용하는 약이 있어요?
Are you taking any medicine?
아ʳ 유우 테이킹 애니 메디쓰인?

저는 당뇨가 있어요.
I have diabetes.
아이 해브ᵛ 다이어비이티이즈

저는 고혈압이에요.

I have high blood pressure.
아이 해브ᵛ 하이 블러드 프뤠셔ʳ.

저는 혈압약을 복용하고 있어요.

I am taking a medicine for high blood pressure.
아이 앰 테이킹 어 메디쓰인 포ʳ어ʳ 하이 블러드 프뤠셔ʳ.

멀미약 주세요.

**Medicine for
motion sickness, please.**
메디쓰인 포'어'
모우션 쓰이크니스. 플리이즈.

두 알씩 드세요.

Take two.
테이크 투우.

이걸로는 부족해.

It's not good enough.
이츠 나아트 구드 이너프.

스포츠
sports
스포어[츠

축구	**soccer** 싸커[
야구	**baseball** 베이스보올
농구	**basketball** 배스킷보올
골프	**golf** 걸[프
테니스	**tennis** 테니스
놀이	**game** 게임
취미	**hobby** 하아비

예술
art
아[트

디자인	**design** 디즈아인
조각품	**sculpture** 스컬프쳐[
그림	**picture** 픽쳐[
필름	**film** 피음
음악	**music** 뮤우즈이크
춤	**dance** 댄스

독서
reading
뤼이딩

책	book 부크
잡지	magazine 매거즈이인
사전	dictionary 딕쎠네어뤼
공책	note 노우트
일기	diary 다이어뤼

이야기
story
스토어뤼

역사	history 히스트뤼
동화	fairy tale 페어뤼 테일
소설	novel 너블ᵛ
산문	essay 에쎄이
시	poem 포우엄

뉴스
news
뉴우스

사건
event
이벤ᵛ트

신문

newspaper
뉴우스페이퍼ʳ

생일
birthday
버어ʳ뜨ᵗʰ데이

기사
article
아ʳ티클

파티
party
파아ʳ티

정보
information
인포ᶠʳ메이션

초대

invitation
인비ᵛ테이션

본문
text
텍스트

오늘 밤에 시간 있어요?
Are you free tonight?
아ʳ 유우 프뤼이 투나이트?

낱말
A B C
word
워어ʳ드

와 줄 수 있어요?

Can you come?
캔 유우 컴?

데이터
data
데이터

생각해 볼게.

I will think about it.
아이 윌 띵ᵗʰ크 어바우트 이트.

숫자
1 3 5
number
넘버ʳ

130

운전
driving
드라이빙ᵛ

운전수

driver
드라이버ᵛˑʳ

운전면허증

driving license
드라이빙ᵛ 을라이쎈스

신호등

traffic light
트뤠피ᴾᵏ 을라이트

진입금지
no entry
노우 엔트뤼

일방통행
one way
원 웨이

정차금지
no stopping
노우 스타핑

추월금지
no overtaking
노우 오우버ᵛˑʳ테이킹

주차금지
no parking
노우 파아ʳ킹

주차
parking
파아ʳ킹

주차장
parking lot
파아ʳ킹 을라트

주차금지구역
red zone
뤠드 즈오운

단기주차
short stay
쇼오ʳ트 스테이

장기주차
long stay
을로옹 스테이

대리주차

valet parking
벨ᵛ레이 파아ʳ킹

주차금지구역에 주차하셨네요.
You parked in a red zone.
유우 파아ʳ크드 인 어 뤠드 즈오운.

주차 요금이 얼마인가요?
**How much do I
have to pay for parking?**
하우 머춰 두우 아이
해브ᵛ 투 페이 포ʳ어ʳ 파아ʳ킹?

생물
creature
크뤼이쳐

환경
environment
인바ᵛ이뤈먼트

삶	life 을라이프	하늘	sky 스카이
죽음	death 데뜨th	태양	sun 썬
동물	animal 애니멀	달	moon 무운
개	dog 도어그	구름	cloud 클라우드
고양이	cat 캐트	바람	wind 윈드
새	bird 버어ʳ드	연기	smoke 스모우크
벌레	insect 인쎅트	땅	ground 그롸운드
		육지	land 을랜드

과학
science
싸이언스

사막	desert 데저'트
산	mountain 마운튼
화산	volcano 벌ⱽ케이노우
숲	forest 포'어뤠스트
계곡	valley 밸ⱽ리
호수	lake 을레이크
강	river 뤼버ⱽ,r
해변	beach 비이취
바다	sea 쓰이

과학기술	technology 테크널러쥐
기계	machine 머쉬인
기능	function 펑션
에너지	energy 에너'쥐
전기	electricity 일렉트뤼쓰이티
배터리	battery 배터뤼
힘	power 파우어'

자원
resources
뤼쏘어「쓰이스

회사
company
컴퍼니

기름	oil 오일

가스	gas 개스

나무	tree 트뤼이

돌	stone 스토운

금	gold 고울드

은	silver 쓰일버v, r

사업	business 비즈니스

경력 ㅣ 직업	career 커뤼이어r

상관	boss 버스

관리자	manager 매니져r

지도자	leader 을리이더r

사무실	office 어어피s

회의	meeting 미이팅

직업
job
좌압

안내자
guide
가이드

종업원
waiter | **waitress**
웨이터 | 웨이트뤼스

경찰관
police officer
펄리이스 어어피씨

군인
soldier
쏘울저

소방관
firefighter
파이어파이터

의사
doctor
닥터

간호사
nurse
너어스

작가
writer
라이터

가수
singer
쓰잉어

배우
actor | **actress**
액터 | 액트뤼스

번역가 | 통역사
translator
트뤤슬레이터

기술자
engineer
엔쥐니어

선생님
teacher
티이쳐

비서
secretary
쎄크러테어뤼

문서
document
다큐먼트

종이
paper
페이퍼

파일	**file** 파일	펜	**pen** 펜
사본	**copy** 카피	연필	**pencil** 펜쓸
쪽 01	**page** 페이쥐	지우개	**eraser** 이뤠이저
목록	**list** 을리스트	도장	**stamp** 스탬프
카테고리	**category** 캐터고오뤼	표시	**mark** 마아ㅋ
일부	**part** 파아ㅌ	신호	**sign** 싸인
본문	**text** 텍스트		

편지
letter
을레러'

우편
mail
메일

이메일
e-mail
이이메일

메시지
message
메쓰이쥐

문자 메시지
text message
텍스트 메쓰이쥐

메모
memo
메모우

접촉
contact
컨택트

대화
conversation
컨버v'쎄이션

시간약속
appointment
어포인트먼트

의사소통
communication
커뮤우니케이션

언어
language
을랭그위쥐

의견
opinion
어피니언

조언
advice
어드바v이스

대답
answer
앤써'

문제
issue
이쓔우

상황
situation
쓰이츄에이션

경우
case
케이스

사안
matter
매터

잘못
fault
포올트

오류
error
에뤄어

실수
mistake
미스테이크

해결책
solution
썰루우션

예
ex)
example
익즈앰플

옵션 | 선택사항
option
업션

결정
decision
디쓰이전

뭔가 잘못됐어요.

Something is wrong.
썸띵 이즈 뤄엉.

뭔가 빠졌어요.

Something is missing.
썸띵 이즈 미쓰잉.

불가능한 것은 없어요.

Nothing is impossible.
나띵 이즈 임파아써블.

문제
problem
프롸아블럼

계획
plan
플랜

쉽다	**easy** 이이즈이	목표	**goal** 고울
1 + 1			

| 어렵다 \| 곤란하다 | **difficult** 디피컬트 | 시간표 | **timetable** 타임테이블 |

| 간단하다 | **simple** 쓰임플 | 행동 | **behavior** 비헤이비'어ㄹ |
| 1 + 1 | | | |

| 어렵다 | **hard** 하아ㄹ드 | 활동 | **activity** 액티비ㅂ티 |

| 그건 간단해요. | **It's simple.** 이츠 쓰임플. | 훈련 | **training** 트뤠이닝 |

| 힘들어요. | **It's hard.** 이츠 하아ㄹ드. | 연습 수련 | **practice** 프뤡티스 |

| | | 결과 | **result** 뤼절트 |

공부
study
스터디

경쟁
competition
카암퍼티션

과정	course 코어스	싸움	fighting 파이팅
교실	class 클래스	충돌	crash 크뤠쉬
수업	lesson 을레쓴	전쟁	war 워어
숙제	homework 호움워어크	경고	warning 워어닝
시험	test 테스트	피해	harm 하암
수준	level 을레블	위험	danger 데인져
		위험하다	dangerous 데인져뤄스
		안전하다	safe 쎄이프

진실
truth
트루우뜨th

사실
fact
팩트

거짓
lie
을라이

확실하다
sure
슈어ʳ

사실인
true
트루우

진짜의
real
뤼얼

가짜의
fake
페이크

정말?
Really?
뤼얼리?

거짓말쟁이
liar
을라이어ʳ

그래?
Is that so?
이즈 대th트 쏘우?

당신은 거짓말쟁이예요.

You are a liar.
유우 아ʳ 어 올라이어ʳ.

확실하진 않아요.
I am not sure.
아이 앰 나아트 슈어ʳ.

누구나 거짓말을 하지.
Everybody lies.
에ᄇ뤼바디 을라이즈.

아무도 몰라요.

Nobody knows.
노우바디 노우즈.

진실인 것이 없어요.

Nothing is true.
나띵th 이즈 트루우.

나는 널 믿어.

I trust you.
아이 트뤄스트 유우.

대답 answer 앤써^{r}

옳다 (○)
right
롸이트

틀렸다 (×)
wrong
뤄엉

맞나요?

Am I right?
앰 아이 롸이트?

네가 옳아.

You are right.
유우 아^{r} 롸이트.

틀렸나요?
Am I wrong?
앰 아이 뤄엉?

네가 틀렸어.

You are wrong.
유우 아^{r} 뤄엉.

변명 excuse 익스큐우즈

이유
reason
뤼이즌

이건 내 잘못이 아니에요.
It's not my fault.
이츠 나아트 마이 포^{f}올트.

내가 그런 거 아니에요.

I didn't do that.
아이 디든트 두우 대th트.

나 아니에요.

It's not me.
이츠 나아트 미이.

내 탓 하지 마.

Don't blame me.
더운트 블레임 미이.

발상
idea
아이디어

의미
meaning
미이닝

자유
freedom
프리이덤

명예
honor
아너

희망
hope
호우프

꿈
dream
드뤼임

가치
value
밸v류우

기억
memory
메머뤼

중요성
importance
임포어튼스

중요하다
important
임포어튼트

유용하다
useful
유우스플

효과적이다
effective
이펙티브v

가능하다
possible
파써블

불가능하다
impossible
임파아써블

필요하다
necessary
네써쎄어뤼

필요 없다
unnecessary
언네써쎄어뤼

공간
space
스페이스

층수
floor
플로어

열린	**open** 오우픈	1층	**1st floor** 퍼r스트 플로어r
닫힌	**closed** 클로우즈드	지하	**basement** 베이스먼트
실내의	**indoor** 인도어r	위층	**upstairs** 업스테어r스
실외의	**outdoor** 아웃도어r	아래층	**downstairs** 다운스테어r스
틈	**gap** 개프	높다	**high** 하이
가득 찬	**full** 풀	낮다	**low** 을로우
텅 빈	**empty** 엠티		

2층에 있어요.

It's on the second floor.
이츠 어언 더th 쎄컨드 플로어r.

144

집(물리적) — house 하우스

집(정신적)	home 호움
지붕	roof 루우ㅍ
천장	ceiling 쓰일링
벽	wall 워얼
복도	hallway 허얼웨이
문	door 도오어ㄹ
창문	window 윈도우

방 — room 루움

침실	bedroom 베드루움
욕실	bathroom 배뜨ㅎ루움
부엌	kitchen 키췬
거실	living room 을리빙ⱽ 루움
마루	floor 플로어ㄹ

가구
furniture
퍼'어'니쳐'

소파	**sofa** 쏘우파'
탁자	**table** 테이블
책상	**desk** 데스크
의자	**chair** 췌어'
침대	**bed** 베드

베개
pillow
필로우

이불	**blanket** 블랭키트
침대 커버	**bed cover** 베드 커버ᵛ'ʳ
커튼	**curtain** 커어'튼
카펫	**carpet** 카아'페트

전자제품　electronics
일렉트뤄닉스

휴대폰
mobile phone
모우블 포'운

전화기
telephone
텔레포'운

컴퓨터
computer
컴퓨우터'

휴대용 컴퓨터
laptop
을랩타프

사진기
camera
캐므뤄

라디오
radio
뤠이디오우

텔레비전
television
텔레비'젼

선풍기
fan
팬'

에어컨
air conditioner
에어'컨디셔너'

전기 주전자
electric kettle
일렉트뤼크 케틀

미니 바
mini bar
미니 바아'

전등
lamp
을램프

금고
safety-deposit-box
쎄이프티-디파짓-바악스

전화기(휴대폰)가 고장 났어요.
My phone is out of order.
마이 포'운 이즈 아우트 어ᵛ 오어'더'.

에어컨이 작동하지 않아요.
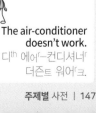
The air-conditioner doesn't work.
디ᵗʰ 에어'-컨디셔너' 더즌트 워어'크.

차이
difference
디프뤈스

합계	total
	토우틀

같다
same
쎄임

요점
point
포인트

다르다
different
디프뤈트

점수
score
스코어

비슷하다
similar
쓰이밀러

전체의
total
토우틀

그것들은 서로 같아요.

They are the same.
데ㅎ이 아 더ㅎ 쎄임.

약간의 | 몇몇의
some
썸

그 밖의
other
아더ㅎ,r

그것들은 서로 달라요.

They are different.
데ㅎ이 아 디프뤈트.

유일한
only
오운리

요금
fee
피^f이

사용료	**usage fee** 유우쓰이쥐 피^f이
입장료	**entrance fee** 엔트뤈스 피^f이
봉사료	**service charge** 써어^r비^v스 촤아^r쥐
할증 요금	**extra charge** 엑스트뤄 촤아^r쥐
환율	**exchange rate** 익스췌인쥐 뤠이트

입장료가 얼마인가요?

How much is the admission fee?
하우 머치 이즈 디th 어드미션 피^f이?

환전.

Money exchange.
머니 익스췌인쥐.

계좌
account
어카운트

이익	**benefit** 베니피^f트
손해	**loss** 을러스
부유하다	**rich** 뤼취
가난하다	**poor** 푸우어^r

나 돈이 없어요.

I have no money.
아이 해브^v 노우 머니.

시작
start
스타아'트

끝
end
엔드

규칙
rule
루울

법률
law
을러어

약혼
engagement
인게이쥐먼트

결혼
marriage
매어뤼쥐

결혼식
wedding
웨딩

이혼
divorce
디보ᵛ어'ㅅ

성공
success
썩쎄스

실패
failure
페'일류어ʳ

행운
luck
을러크

운이 좋다.
Lucky.
을럭키.

소리 — sound 싸운드

목소리 — **voice** 보ᵛ이스

알람 — **alarm** 알라아암

소음 — **noise** 노이즈

고요함 — **silence** 싸일런스

소리가 큰 — **loud** 을라우드

조용하다 — **quiet** 콰이어트

조용히 해! — **Be quiet!** 비이 콰이어트!

2

가나다 사전

ㄱ
ㄴ
ㄷ
ㄹ
ㅁ
ㅂ
ㅅ
ㅇ
ㅈ
ㅊ
ㅋ
ㅌ
ㅍ
ㅎ

가
avenue
애버^{v}뉴우

가격
price
프라이스

가고 싶어.
I want to go.
아이 원트 투 고우.

가구
furniture
퍼^{f}어^{r}니쳐^{r}

가깝다
near
니어^{r}

가난하다
poor
푸우어^{r}

가능하다
possible
파써블

가득 찬
full
풀^{f}

가방
bag
배액

가방을 보관해 주실 수 있나요?
Can you keep my bags?
캔 유우 키이프 마이 배액스?

가방을 열어 주세요.
Please open your bag.
플리이즈 오우픈 유어^{r} 배액.

가방을 찾고 있어요.
I am looking for a bag.
아이 앰 을루킹 포^{f}어^{r} 어 배액.

가볍다
light
을라이트

가수
singer
쓰잉어^{r}

가스
gas
개스

가야겠어요.

I have to go.
아이 해브^{v} 투 고우.

가을
fall
퍼^{f}얼

가자!

Let's go!
을레츠 고우!

가장 좋아하다
favorite
페^{f}이버^{v}뤼트

가족
family
패^{f}멀리

가족이나 친척이 여기에 살고 있습니까?
Do you have family members or relatives living here?
두우 유우 해브^{v} 패^{f}멀리 멤버^{r}스 오어^{r} 뤨러티브^{v}스 을리빙^{v} 히어^{r}?

가짜의
fake
페^{f}이크

가치
value
밸^{v}류우

각자 계산합니다.

Separate bills.
쎄퍼레이트 비일스.

간단하다

simple
쓰임플

그건 간단해요.
It's simple.
이츠 쓰임플.

간이침대

extra bed
엑스트러 베드

간장

soy sauce
쏘이 쏘오스

간호사

nurse
너어ㄹ스

갈색

brown
브롸운

감

persimmon
퍼ㄹ쓰이먼

감기

cold
코울드

감기약

cold tablets
코울드 태블리츠

감동했어요.

I am moved.
아이 앰 무우브드.

감자

potato
포테이토우

감자튀김

French fries
프l뤤취 프l롸이즈

값이 싸다

cheap
취이프

매우 싸요.
It's so cheap.
이츠 쏘우 취이프.

50%

강

river
뤼버v.ㄹ

같다

same
쎄임

그것들은 서로 같아요.
They are the same.
데th이 아ㄹ 더th 쎄임.

개

dog
도어그

객실 업그레이드

up-grading
업-그뤠이딩

객실 청소

make up room
메이크 어프 루움

방 청소 부탁합니다.
Clean up my room, please.
클리인 어프 마이 루움, 플리이즈.

객실별 가격

room rate
루움 뤠이트

숙박료가 얼마인가요?
What is the room rate?
와트 이즈 더th 루움 뤠이트?

거기에 어떻게 갈 수 있죠?

How can I get there?
하우 캔 아이 게트 데ᵗʰ에ᵃ?

거리
street
스트뤼이트

거리
distance
디스턴스

이곳이 얼마나 먼가요?
How far is it?
하우 파ᵃ 이즈 이트?

거기까지 걸어서 갈 수 있나요?
Can I go there on foot?
캔 아이 고우 데ᵗʰ에ᵃ 언 푸ᵗ?

이 근처예요.
It's near here.
이츠 니어 히어.

거스름돈
change
췌인쥐

잔돈은 괜찮아요.

Keep the change.
키프 더ᵗʰ 췌인쥐.

거실
living room
을리빙ᵛ 루움

거울
mirror
미뤄ᵃ

거짓
lie
을라이

누구나 거짓말을 하지.
Everybody lies.
에브ᵛ뤼바디 을라이즈.

거짓말쟁이
liar
을라이어ᵃ

당신은 거짓말쟁이예요.
You are a liar.
유우 아ᵃ 어 을라이어ᵃ.

건강
health
헬뜨ʰ

건강보조식품
health supplement
헬뜨ʰ 써플먼트

건배!

Cheers!
취어ᵃ스!

검색대
security
써큐어뤼티

스캐너를 통과하세요.
Walk through the scanner.
워어크 뜨ʰ루우 더ᵗʰ 스캐너ᵃ.

팔을 벌려 주세요.
Please spread out your arms.
플리이즈 스프뤠드 아우트 유어ᵃ 아ᵃ암즈.

가방을 열어 주세요.
Please open your bag.
플리이즈 오우픈 유어ᵃ 배액.

검은색   black
블래크

검은색도 있나요?
Do you have a black one?
두우 유우 해브^v 어 블래크 원?

겉만 익힌   rare
뤠어

겨울   winter
윈터

견과류   nut
너트

결과   result
뤼절트

결정   decision
디쓰이전

결제   payment
페이먼트

계산서 주세요.
Bill, please.
비일, 플리즈.

내가 계산할게.
It's on me.
이츠 어언 미이.

얼마예요?
How much?
하우 머취?

한 사람이 계산합니다.
One bill.
원 비일.

각자 계산합니다.
Separate bills.
쎄퍼뤠이트 비일스.

결항   flight cancellation
플l라이트 캔쓸레이션

결혼   marriage
매어뤼쥐

결혼식   wedding
웨딩

경고   warning
워어닝

경력|직업   career
커뤼어l

경우   case
케이스

경쟁   competition
카암퍼티션

경찰관   police officer
펄l리이스 어어피l써l

경찰 좀 불러 주세요.
Please call the police.
플리이즈 커얼 더th 펄리이스.

경찰서   police station
펄리이스 스테이션

경찰서가 어디에 있나요?
Where is the police station?
웨어l 이즈 더th 펄리이스 스테이션?

| 계곡 | valley 밸v리 | 고추기름 | chili oil 취일리 오일 |

계곡 valley 밸v리

계란 egg 에그

계산서 주세요. Bill, please. 비일, 플리이즈.

계절 season 쓰이즌

계좌 account 어카운트

계획 plan 플랜

고구마 sweet potato 스위이트 포테이토우

고기 meat 미이트

고맙습니다.
Thank you. 땡ᵗʰ크 유우.

고속도로 expressway 익스프레스웨이

고양이 cat 캐트

고요함 silence 싸일런스

고추기름 chili oil 취일리 오일

고통 pain 페인

고통스럽다 painful 페인풀

곧. Soon. 쑤운.

곧 돌아올게요. I will be right back. 아이 윌 비이 롸이트 배크.

곧 만나요. See you soon. 쓰이 유우 쑤운.

곧다 straight 스트뤠이트

골목길 alley 앨리

골프 golf 걸ᵖ프

공간 space 스페이스

공부 study 스터디

공연이 몇 시에 끝나요?

When does the show end?
웬 더즈 더th 쇼우 엔드?

공연이 몇 시에 시작하나요?
When does the show begin?
웬 더즈 더th 쇼우 비긴?

공원　　park
파아크

공짜가 아닙니다.

It's not free.
이츠 나아트 프뤼이.

공책　　note
노오트

공항　　airport
에어'포어'트

과거　　past
패스트

과일　　fruit
프루우트

과자　　cookie
쿠키

과정　　course
코어'스

과학　　science
싸이언스

과학기술　　technology
테크널러쥐

관계　　relationship
륄레이션쉬프

관리자　　manager
매니저'

광어　　flatfish
플'래트피'쉬

광장　　square
스퀘어'

괜찮다　　fine|okay
파인

괜찮아요?
Are you okay?
아' 유우 오우케이?

괜찮아요.
It's okay.
이츠 오우케이.

괜찮았어요.
It was okay.
이트 워어즈 오우케이.

괜찮아요.

No, thanks.
노우, 땡th크스.

교실	class 클래스
교통	traffic 트뤠피크

교통카드를 사고 싶어요.
I would like to buy a
transportation card.
아이 우드 울라이크 투 바이 어
트뤤스퍼'테이션 카아'드.

여기서 교통카드를 살 수 있어요?
Can I buy a
transportation card here?
캔 아이 바이 어
트뤤스퍼'테이션 카아'드 히어'?

구급차를 불러 주세요.
Ambulance.
앰뷸런스.

구름	cloud 클라우드
구명조끼	life vest 을라이프' 베'스트
구성원	member 멤버'
구역	block 블라크
구이	roasted 뤄우스티드

국내의	domestic 더메스티크
국수	noodle 누우들
국제의	international 인터'내셔널
군인	soldier 쏘울저'
굴소스	oyster sauce 오이스터' 쏘오스
귀	ear 이어'
귀걸이	earring 이어링
귀엽다	cute 큐우트
귀중품	valuables 밸v류어블스
규칙	rule 루울
귤	tangerine 탠져뤼인
그 밖의	other 아더th,r

그거 하지 마.

Don't do that.
더운트 두우 대th트.

그거면 충분해요.

That is enough.
대ᵗʰ트 이즈 이너프.

그건 간단해요.

It's simple.
이츠 쓰임플.

그건 너무 많아요.

It's too many.
이츠 투우 메니.

그건 불가능해요.

It's impossible.
이츠 임파써블.

그건 충격적이었어요.

It was shocking.
이트 워어즈 샤아킹.

그것들은 서로 같아요.

They are the same.
데ᵗʰ이 아ʳ 더ᵗʰ 쎄임.

그것들은 서로 달라요.

They are different.
데ᵗʰ이 아ʳ 디프뤈트.

그것참 안됐네.

That is too bad.
대ᵗʰ트 이즈 투우 배드.

그게 다예요.

That is all.
대ᵗʰ트 이즈 어얼.

그게 마음에 드세요?

Do you like it?
두우 유우 올라이크 이트?

그게 어디에 있나요?

Where is it?
웨어ʳ 이즈 이트?

그게 언제인데?

When is it?
웬 이즈 이트?

그게 전부예요?

Is that all?
이즈 대ᵗʰ트 어얼?

그냥 구경하고 있어요.

I am just looking.
아이 앰 져스트 올루킹.

그냥 그래.

So so.
쏘우 쏘우.

그래?

Is that so?
이즈 대ᵗʰ트 쏘우?

그래서?

So?
쏘우?

그러고 나서는요?

And then?
앤드 덴ᵗʰ?

그러지 말고 좀!

Oh~ Come on!
오우~ 컴 어언!

그럴 수도 있고 아닐 수도 있지.

Maybe, maybe not.
메이비 , 메이비 나아트.

그렇게 할게.

I will.|I will do it.
아이 윌.|아이 윌 두우 이트.

그렇다면야 뭐.

If so.
이프 쏘우.

그린 티

green tea
그뤼인 티이

그만해.

Stop it.
스타프 이트.

그림

picture
픽쳐ʳ

극장

theater
띠ʰ어터ʳ

근육통

muscle ache
머쓸 에이크

근처에 한국 음식점이 있나요?

Is there a
Korean restaurant nearby?
이즈 데ʰ어ʳ 어
커뤼이언 뤠스트라안트 니어ʳ바이?

근처에 호텔이 있나요?

Is there a hotel
around here?
이즈 데ʰ어ʳ 어 호우텔
어롸운드 히어ʳ?

금

gold
고울드

금고

safety-deposit-box
쎄이프티-디파짓-바악스

금연

non-smoking
넌스모우킹

금연석으로 주세요.

Non-smoking area, please.
넌스모우킹 에어뤼어, 플리이즈.

금요일

Friday
프롸이데이

급작스러운

sudden
써든

급하다

hurry
허어뤼

나 급해요!

I am in hurry!
아이 앰 인 허어뤼!

끝났어요?

Finished?
피니쉬드?

얼마나 걸립니까?
How long will it take?
하우 올로옹 윌 이트 테이크?

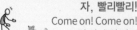

자, 빨리빨리!
Come on! Come on!
컴 어언! 컴 어언!

긍정적   positive
파즈이티브

기계   machine
머쉬인

기내 화장실   lavatory
올래버토어뤼

기내 휴대용 수화물 carry-on baggage
캐뤼-어언 배기쥐

기내서비스   in-flight service
인플라이트 써어비스

담요 좀 주세요.
Blanket, please.
블랭키트, 플리이즈.

기내식   in-flight meal
인플라이트 미일

닭고기인가요 소고기인가요?
Chicken or Beef?
취킨 오어 비이프?

소고기로 주세요.
Beef, please.
비이프, 플리이즈.

커피 아니면 차?
Coffee or tea?
커어퓌이 오어 티이?

커피 좀 마시고 싶어요.
I would like to have
some coffee.
아이 우드 올라이크 투 해브
썸 커어퓌이.

기념품 가게   souvenir shop
쑤우비니어 샤아프

기념품 가게는 어디에 있어요?
Where is the souvenir shop?
웨어 이즈 더th 쑤우비니어 샤아프?

기능   function
펑션

기다려 주셔서 감사합니다.
Thank you for your waiting.
땡thㅋ 유우 포어 유어 웨이팅.

기다려야 하나요?
Do I have to wait?
두우 아이 해브 투 웨이트?

기다릴 수 있어요.

I can wait.
아이 캔 웨이트.

기름   oil
오일

기쁨   pleasure
플레져

기사(신문)	article 아'티클	**깜짝 놀랐다**	surprised 써'프라이즈드
기술자	engineer 엔쥐니어'	**깨끗하다**	clean 클리인
기억	memory 메머뤼	**깨소스**	sesame sauce 쎄써미 쏘오스
기저귀	diaper 다이어퍼어'	**깨지기 쉬운**	fragile 프뤠절
기차	train 트뤠인	**꼭대기**	top 타프
길	way 웨이	**꽉 조이다**	tight 타이트
길[도로]	road 뤄우드	**꿈**	dream 드뤼임
길다	long 을로옹	**끝**	end 엔드
길을 잃다	lost 을러스트		

저는 길을 잃었어요.
I am lost.
아이 앱 을러스트

여기가 어디예요?
Where am I?
웨어' 앰 아이?

끝났어요?
Finished?
피니쉬드?

나 감기 걸렸어.

I caught a cold.
아이 커어트 어 코올드.

나 급해요!

I am in hurry!
아이 앰 인 허어뤼!

나 돈이 없어요.

I have no money.
아이 해브ᵛ 노우 머니.

나 바빠.

I am busy.
아이 앰 비즈이.

나 아니에요.

It's not me.
이츠 나아트 미이.

나는 그렇게 생각 안 해요.

I don't think so.
아이 더운트 띵ᵗʰ크 쏘우.

나는 널 믿어.

I trust you.
아이 트뤄스트 유우.

나는 몰라요.

I don't know.
아이 더운트 노우.

나는 좀 쉬고 싶어요.

I want to get some rest.
아이 원트 투 게트 썸 뤠스트.

나는 처음이에요.

It's my first time.
이츠 마이 퍼어r스트 타임.

나는 할 수 있어요.

I can.
아이 캔.

나무

tree
트뤼이

나쁘다

bad
배드

나쁘지 않아.

Not bad.
나아트 배드

나이

age
에이쥐

나이가 어떻게 되시죠?

How old are you?
하우 오올드 아r 유우?

저는 스무 살이에요.

I am twenty.
아이 앰 트웬티.

나중에.

Later.
을레이터r.

난 이거 싫어요.

I don't like it.
아이 더운트 을라이크 이트.

난 이것을 원하지 않아.

I don't want it.
아이 더운트 원트 이트.

날 용서해 줘.

Forgive me.
포'에'기브' 미이.

날씨

weather
웨더th.r

날이 건조하네요.
It's dry.
이츠 드라이.

날이 습하네요.
It's humid.
이츠 휴우미드.

날이 화창하네요.
It's sunny.
이츠 써니.

날이 흐리네요.
It's cloudy.
이츠 클라우디.

날짜

date
데이트

3일 전에.
3 days ago.
뜨th뤼이 데이즈 어고우.

2일 전에.
2 days ago.
투우 데이즈 어고우.

모레.
The day after tomorrow.
더th 데이 에프터r 트머로'우.

3일 후에.
3 days later.
뜨th뤼이 데이즈 을레이터r.

남색

navy
네이비v

남성

male
메일

남은 음식

leftover
을레프트오우버v.r

남자	man 맨
남자 친구	boyfriend 보이프렌드
남자 형제	brother 브라더th.r
남쪽	south 싸우뜨th
남편	husband 허즈번드
낮	day 데이
낮다	low 을로우
낱말	word 워어드

내 방을 바꾸고 싶어요.

I want to change my room.
아이 원트 투 췌인쥐 마이 루움.

내 탓 하지 마.

Don't blame me.
더운트 블레임 미이.

내가 계산할게.

It's on me.
이츠 어언 미이.

내가 그런 거 아니에요.

I didn't do that.
아이 디든트 두우 대th트.

내가 뭘 해야 해요?

What should I do?
와트 슈드 아이 두우?

내일	tomorrow 터마아뤄우
냄새	smell 스멜
냅킨	napkin 냅킨

냅킨 좀 주세요.

Napkins, please.
냅킨스, 플리이즈.

너무 달아요.

It's too sweet.
이츠 투우 스위이트.

너무 더워요.

It's too hot.
이츠 투우 하트.

너무 뜨거워요.

It's too hot.
이츠 투우 하트.

너무 비싸요.

It's too expensive.
이츠 투우 익스펜쓰이브ᵛ

너무 안 좋아.

Too bad.
투우 배드.

너무 작아요.

It's too small.
이츠 투우 스머얼.

너무 좋아!

Oh yes!
오우, 예스!

너무 짜요.

It's too salty.
이츠 투우 써얼티.

너무 차가워요.

It's too cold.
이츠 투우 코올드.

너무 추워요.

It's too cold.
이츠 투우 코올드.

너무 커요.

It's too big.
이츠 투우 비그.

넓다

wide
와이드

네, 다음 주 월요일에 떠납니다.

Yes, I am leaving on
next Monday.
예스, 아이 앰 올리이빙ᵛ 어언
넥스트 먼데이.

네, 여기 있습니다.

Sure, here they are.
슈어, 히어 데ᵗʰ이 아.

네, 제 삼촌이 여기에 거주하십니다.

Yes, my uncle does.
예스, 마이 엉클 더즈.

네가 옳아.

You are right.
유우 아 라이트.

네가 틀렸어.

You are wrong.
유우 아 뤄엉.

넥타이

tie
타이

노란색

yellow
옐로우

노쇼

no-show
노우–쇼우

○ ㅈ ㅊ ㅋ ㅌ ㅍ ㅎ

놀이 game
게임

농구 basketball
배스킷보올

높다 high
하이

높은 층 high floor
하이 플'로어'

누구? Who?
후우?

누구나 거짓말을 하지. Everybody lies.
에브ᵛ리바디 을라이즈.

누구랑 같이 있어요? Who are you with?
후우 아ʳ 유우 위드ᵗʰ?

누구를 기다리고 있어요? Who are you waiting for?
후우 아ʳ 유우 웨이팅 포'어'?

누구를 찾고 있어요? Who are you looking for?
후우 아ʳ 유우 울루킹 포'어'?

눈 eye
아이

눈 snow
스노우

눈이 오네요. It's snowing.
이츠 스노윙.

뉴스 news
뉴우스

느리다 slow
슬로우

느리게. Slowly.
슬로울리.

늙었다 old
오울드

늦다 late
을레이트

다르다   different
디프런트

그것들은 서로 달라요.
They are different.
데ᵗʰ에이 아ʳ 디프런트.

다른 색도 있나요?
Is there any other color?
이즈 데ᵗʰ에어 애니 아더ᵗʰ.ʳ 컬러ʳ?

다른 것을 받을 수 있을까요?
Can I get something else??
캔 아이 게트 썸띵ᵗʰ 엘스?

다른 사람들   others
아더ᵗʰ.ʳ스

다른 항공편으로 변경하고 싶어요.
I would like to change my flight.
아이 우드 올라이크 투 췌인쥐 마이 플라이트.

다리   leg
을레그

다시 만나서 기뻐요.
Nice to see you again.
나이스 투 쓰이 유우 어겐.

다시 말씀해 주실래요?
Pardon?|Excuse me?
파아ʳ든?|익스큐우즈 미이?

다시.   Again.
어겐.

다음의   next
넥스트

다이어트   diet
다이어트

다쳤어요.
I am hurt.
아이 앰 허어ʳ트.

단기주차   short stay
쇼오ʳ트 스테이

단단하다   hard
하아ʳ드

단체   group
그루우프

닫힌   closed
클로우즈드

달   moon
무운

달다   sweet
스위이트

너무 달아요.
It's too sweet.
이츠 투우 스위이트.

달력   calendar
캘린더ʳ

닭고기   chicken
취킨

닭고기인가요 소고기인가요?
Chicken or Beef?
취킨 오어' 비이프'?

담배　　　　　　cigarette
쓰이거뤠트

담아갈 봉지 하나 주시겠어요?
Can I have a doggy bag?
캔 아이 해브' 어 더기 배액?

담요　　　　　　blanket
블랭키트

담요 좀 주세요.
Blanket, please.
블랭키트, 플리이즈.

당근　　　　　　carrot
캐뤄트

당신 정말 친절하시군요!

You are so kind!
유우 아' 쏘우 카인드!

당신과 이야기 좀 하고 싶어요.
I want to talk with you.
아이 원트 투 터어크 위드th 유우.

당신에게 잘 어울려요.

It looks good on you.
이트 을룩스 구드 언 유우.

당신은 거짓말쟁이예요.
You are a liar.
유우 아' 어 을라이어'.

당신의 여권과 입국신고서를 보여주세요.

Your passport and arrival card, please.
유어' 패스포어'트 앤드 어롸이블' 카아'드, 플리이즈.

당신의 코트를 벗어 주시겠어요?

Could you take off your coat, please?
쿠드 유우 테이크 어프' 유어' 커우트, 플리이즈.

대기　　　　　　waiting
웨이팅

기다려야 하나요?
Do I have to wait?
두우 아이 해브' 투 웨이트?

기다릴 수 있어요.
I can wait.
아이 캔 웨이트.

기다려 주셔서 감사합니다.
Thank you for your waiting.
땡th크 유우 포어' 유어' 웨이팅.

대기자 명단　　　waiting list
웨이팅 을리스트

저를 대기 명단에 올려주실 수 있나요?

Could you put me on the waiting list?
쿠드 유우 푸트 미이 언 더th 웨이팅 을리스트?

대단했어요.

It was great.
이트 워어즈 그뤠이트.

대답   answer
앤써ʳ

대로   boulevard
보우리바ʳ드

대리주차   valet parking
벨ᵛ레이 파아ʳ킹

대사관   embassy
엠버쓰이

대중   public
퍼블리크

대화   conversation
컨버ʳ쎄이션

더 맵게 해주시겠어요?

Please make it more spicy.
플리이즈 메이크 이트 모어ʳ 스파이쓰이.

더 작다   smaller
스머얼러ʳ

더 적다   less
을레스

더 좋다   better
베터ʳ

더 주세요.

More, please.
모어ʳ, 플리이즈.

더 크다   bigger
비거ʳ

더 큰 치수 있나요?

Do you have a bigger size?
두우 유우 해브ᵛ 어 비거ʳ 싸이즈?

더 필요한 것 있어요?

Anything else?
애니띵ᵗʰ 엘스?

더럽다   dirty
더어ʳ티

더블 룸   double room
더블 루움

더블 샷   double shot
더블 샷

샷 추가해 주세요.

Add an extra shot, please.
애드 언 엑스트뤄 샷, 플리이즈.

더블 침대   double bed
더블 베드

더운 물   hot water
하트 워어터ʳ

뜨거운 물이 나오지 않아요.

There is no hot water.
데ᵗʰ어 이즈 노우 하트 워어터ʳ.

데리야끼 소스   teriyaki sauce
테뤼야키 쏘오스

데이터   data
데이터

데침	blanched 블랜취드

돌 stone
스토운

도둑	thief 띠ᵗʰ이프

돌아가는 티켓을 예약했습니까?

Have you confirmed
your return ticket?
해브ᵛ 유우 컨펌'엄'드
유어' 뤼터언' 티케트?

도서관	library 을라이브러뤼

동료 colleague
컬리이그

도시	city 쓰이티

동물 animal
애니멀

도시가 보이는 전망	city view 쓰이티 뷰ᵛ우

동전 coin
코인

도와주세요!

동쪽 east
이이스트

Help me!
헬프 미이!

동화 fairy tale
페어뤼 테일

도장	stamp 스탬프

돼지고기 pork
포어'크

도착	arrival 어롸이블ᵛ

된장 soybean paste
쏘이비인 페이스트

독서	reading 뤼딩

두 번.

돈	money 머니

Twice.
트와이스.

나 돈이 없어요.
I have no money.
아이 해브ᵛ 노우 머니.

두 시간마다.

환전.
Money exchange.
머니 익스췌인쥐.

Every 2 hours.
에브ᵛ뤼 투우 아우워'스.

두 알씩 드세요.

Take two.
테이크 투우.

두껍다

thick
띠ᵏ크

두리안

durian
두우뤼언

두유

soy milk
쏘이 미일크

두통

headache
헤데이크

뒤

back
배크

등

back
배크

디자인

design
디자인

디저트

dessert
디즈어ʳ트

따뜻하다

warm
워엄ʳ

딸

daughter
더어타ʳ

딸기

strawberry
스트뤄어베어뤼

땅

ground
그롸운드

땅콩은 빼고 주세요.

Without peanuts
for me, please.
위다ᵗʰ아웃 피이너츠
포ʳ어ʳ 미이, 플리즈.

땅콩이 들어 있나요?

Does it contain peanuts?
더즈 이트 컨테인 피이너츠?

때때로.

Sometimes.
썸타임스.

뚜껑

lid
을리드

뜨겁다

hot
하트

너무 더워요.
It's too hot.
이츠 투우 하트.

뜨거운 물이 나오지 않아요.
There is no hot water.
데ᵗʰ어ʳ 이즈 노우 하트 워어터ʳ.

뜨거운 거요 아니면 차가운 거요?
Hot or iced?
하트 오어ʳ 아이스드?

라디오 radio
레이디오우

라운지 lounge
을라운쥐

라지 사이즈 large size
을라'쥐 싸이즈

랄랄라.

Yoo-Hoo.
유우 후우.

레드 와인 red wine
뤠드 와인

**레드와인으로
한 잔 부탁드립니다.**

I will have a glass
of red wine, please.
아이 윌 해브ˇ 어 글래스
어브ˇ 뤠드 와인, 플리이즈.

레몬 lemon
을레먼

레몬에이드 lemonade
을레먼에이드

레시피 recipe
뤠써피

렌트 rent
뤤트

로비 lobby
을라아비

룸 서비스 room service
루움 써어'비ˇ스

룸메이트 room-mate
루움메이트

리모컨 remote control
뤼모우트 컨트뤄울

리치 lychee
을리취이

리필 refill
뤼이필

리필이 되나요?
Can I get a refill?
캔 아이 게트 어 뤼이필'?

마늘 garlic
가알'릭

마루 floor
플'로어

마요네즈 mayonnaise
메이어네이즈

마을 village
빌'리쥐

마음에 들어요.
I like it.
아이 을라이크 이트.

마일리지 카드 mileage card
마일리쥐 카아'드

마지막 탑승 안내 last call
을래스트 커얼

마카롱 macaroon
매커루운

만나서 반갑습니다.
Nice to meet you.
나이스 투 미이트 유우.

만족했다 satisfied
쌔티스파이드

많은(가산) many
메니

그건 너무 많아요.
It's too many.
이츠 투우 메니.

많은(불가산) much
머취

말도 안 돼!
No way!
노우 웨이!

말랐다 skinny
스키니

맛 taste
테이스트

맛 좋아?
Does it taste good?
더즈 이트 테이스트 구드?

맛있다. | 맛있다.
It's good. | It's delicious.
이츠 구드. | 이츠 딜리셔스.

맛있게 드세요.
Enjoy your meal.
인조이 유어 미일.

망고 mango
맹고우

망고스틴 mangosteen
맹거스티인

맞나요?
Am I right?
앰 아이 롸이트?

맞아요. | 바로 그거예요.
Yes.
예스.

매년의　　yearly|annual
이이얼리|애뉴얼

매달의　　monthly
먼뜰h리

매시 정각.
Every hour on the hour.
에브v뤼 아우워' 어언 디th 아우워'.

매실　　plum
플럼

매우 싸요.
It's so cheap.
이츠 쏘우 취이프.

매우 좋아.
Very good.
베v어뤼 구드.

매일　　everyday
에브v뤼데이

매일의　　daily
데일리

매주의　　weekly
위이클리

매진된　　sold out
쏘울드 아우트

매표소　　ticket office
티키트 어어피스

표를 어디에서 사나요?
Where is the ticket booth?
웨어' 이즈 더th 티키트 부우th?

맥주　　beer
비어'

맥줏집　　pub
퍼브

맵다　　spicy
스파이쓰이

더 맵게 해주시겠어요?
Please make it more spicy.
플리이즈 메이크 이트 모어' 스파이쓰이.

머리　　head
헤드

머리카락　　hair
헤어'

머스타드 소스　　mustard sauce
마스터어'드 쏘오스

먼저 하세요.

After you.
애프v터' 유우.

멀다　　far
파아'

멀미약 주세요.

Medicine for
motion sickness, please.
메디쓰인 포v어'
모우션 쓰이크니스, 플리이즈.

메뉴
menu
메뉴우

메뉴판 주세요.
Menu, please.
메뉴우, 플리이즈.

영어 메뉴판 있어요?
Do you have an English menu?
두우 유우 해브ᵛ 언 잉글리쉬 메뉴우?

한국어 메뉴판 있어요?
Do you have a Korean menu?
두우 유우 해브ᵛ 어 커뤼이언 메뉴우?

메모
memo
메모우

메스꺼움
nausea
너어즈이아

메시지
message
메쓰이쥐

멜론
melon
멜런

면도기
razor
뤠이즈어ʳ

면세점
duty-free shop
듀우티프ᶠ뤼이 샤아프

면세품
duty free
듀우티 프ᶠ뤼이

명예
honor
아너ʳ

몇 개?
How many?
하우 메니?

몇 번 게이트로 가야 하나요?

Which gate
do I have to go to?
위취 게이트
두우 아이 해브ᵛ 투 고우 투?

몇 번?
How many times?
하우 메니 타임즈?

몇 시입니까?

What time is it?
와트 타임 이즈 이트?

몇 정거장이나 떨어져 있나요?
How many stops from here?
하우 메니 스탑스 프ᶠ뤔 히어?

모닝 콜
wake-up call
웨이커프ᶠ 커얼

7시에 깨워 주세요.
Wake-up call at 7, please.
웨이커프ᶠ 커얼 애트 쎄븐ᵛ, 플리이즈.

모레.
The day after tomorrow.
더ᵗʰ 데이 에프ᶠ터ʳ 트머로ʳ우.

모르겠어요.

I have no idea.
아이 해브ᵛ 노우 아이디어.

모자 hat
해트

목 neck
네크

목걸이 necklace
네클러스

목록 list
을리스트

목소리 voice
보ᵛ이스

목요일 Thursday
떠th,ᵣ즈데이

목욕 가운 bathrobe
배뜨th뤄우브

목이 마르다 thirsty
떠th,ᵣ스티

목말라요.
I am thirsty.
아이 앰 떠th,ᵣ스티.

물 좀 주세요.
Water, please.
워어터ᵣ, 플리즈.

목적지 destination
데스티네이션

거기에 어떻게 갈 수 있죠?
How can I get there?
하우 캔 아이 게트 데th에ᵣ?

거기까지 걸어서 갈 수 있나요?
Can I go there on foot?
캔 아이 고우 데th에ᵣ 어언 푸트?

목표 goal
고울

몸 body
바아디

몸 건강해.
Take care.
테이크 케어.

몸살 body aches
바아디 에이크스

전신이 다 아파요.
My whole body aches.
마이 호울 바아디 에이크스.

무겁다 heavy
헤비ᵛ

무료 제공 음료 complimentary
컴플리멘트뤼

무릎
knee
니이

문서
document
다큐먼트

무서워하다
scared|afraid
스케어'드|어프'뤠이드

문자 메시지
text message
텍스트 메쓰이쥐

무서워.
I am scared.
아이 앰 스케어'드.

문제
issue
이쓔우

문제
problem
프롸아블럼

무선인터넷
Wi-Fi
와이파'이

뭔가 잘못됐어요.
Something is wrong.
썸띵th 이즈 뤙엉.

뭔가 빠졌어요.
Something is missing.
썸띵th 이즈 미쓰잉.

와이파이가 되나요?
Is Wi-Fi available?
이즈 와이파'이 어베v일러블?

와이파이 비밀번호가 뭐예요?
What is the Wi-Fi password?
와트 이즈 더th 와이파'이 패스워어'드?

문제없어요.
There is no problem.
데th어' 이즈 노우 프롸아블럼.

무슨 일을 합니까?
What is your occupation?
와트 이즈 유어' 어큐페이션?

물
water
워어터'

물 좀 주세요.
Water, please.
워어터', 플리이즈.

무침
seasoned
쓰이즌드

문
door
도오어'

물론이죠.

Sure.|Of course.
슈어'.|어브v 코어'스.

문
gate
게이트

물티슈
wet tissue
웨트 티슈

뭐 좀 마실 수 있을까요?
Can I have a drink?
캔 아이 해브^v 어 드륑크?

뭐 찾으세요?

Are you looking for something?
아^r 유우 을루킹 포^{f}어^r 썸띵th?

뭐가 문제예요?
What is the problem?
와트 이즈 더th 프롸아블럼?

뭔가 빠졌어요.
Something is missing.
썸띵th 이즈 미쓰잉.

뭔가 잘못됐어요.
Something is wrong.
썸띵th 이즈 뤄엉.

뮤지컬 musical
뮤즈이컬

미니 바 mini bar
미니 바아^r

미디엄 사이즈 medium size
미이디엄 싸이즈

미래 future
퓨^{f}우쳐^r

나중에.
Later.
을레이터^r.

미술관 art museum
아^{r}트 뮤즈이엄

현대 미술관에 가려면 어떻게 해야 하나요?
How can I get to the Museum of modern art?
하우 캔 아이 게트 투 더th 뮤즈이엄 어브^v 머어던^r 아^{r}트?

미안하다 sorry
써어뤼

미터기 fare meter
페^{f}어^r 미이터^r

미터기 켜 주세요.
Meter, please.
미이터^r, 플리이즈.

믿을 수 없어!

I cannot believe it!
아이 캐나아트 빌리이브^v 이트!

밀크 티 milk tea
미일크 티이

밀크셰이크 milkshake
미일크슈에이크

바가지네!

What a rip off!
와트 어 뤼프 어프!

바깥쪽 outside
아우트사이드

바나나 banana
버내너

바닐라 라테 vanilla latte
버v닐라 을라아테이

바닐라 아이스크림 한 스쿠프 주세요.
One scoop of vanilla ice cream, please.
원 스쿠우프 어브v 버v닐라 아이스 크뤼임, 플리이즈.

바다 sea
쓰이

바다가 보이는 전망 ocean view
오우쉬언 뷰v우

바닥 bottom
바툼

바람 wind
윈드

바람이 불다 windy
윈디

바비큐 소스 barbecue sauce
바아r베큐우 쏘오스

바쁘다 busy
비즈이

나 바빠.
I am busy.
아이 앰 비즈이.

시간 없어요.
I have no time.
아이 해브v 노우 타임.

바지 pants
팬츠

박물관 museum
뮤즈이엄

반값 half-price
해프l-프롸이스

반바지 shorts
쇼오r츠

반복 repeat
뤼피이트

다시.
Again.
어겐.

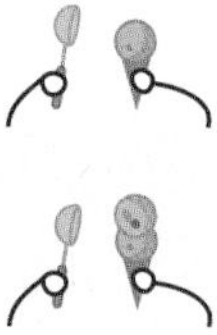

한 번.
Once.
원스.

두 번.
Twice.
트와이스.

반입금지 물품	restricted items 리스트릭티드 아이템스
반지	ring 링
반찬	side dish 싸이드 디쉬
반창고	band-aid 밴드-에이드
발	foot 푸트
발가락	toe 토우
발상	idea 아이디어
발코니	balcony 밸커니
밝다	bright 브라이트
밤	night 나이트

밤에.

In the night.
인 더th 나이트.

방　　　　room
루움

방을 예약할 수 있을까요?
Can I book a room?
캔 아이 부크 어 루움?

방이 너무 추워요.
My room is too cold.
마이 루움 이즈 투우 코울드.

방 청소 부탁합니다.
Clean up my room, please.
클리인 어프 마이 루움, 플리이즈.

방 번호　　　　room number
루움 넘버

방 번호를 알려 주세요.
Your room number, please.
유어 루움 넘버, 플리이즈.

여기 502호인데요.
This is room number 502.
디th스 이즈 루움 넘버
파이브^v 즈이뤄우 투우.

방문 목적이 어떻게 됩니까?

What is the purpose
of your visit?
와트 이즈 더th 퍼어'퍼스
어브^v 유어' 비^v지트?

방문객　　　　visitor
비^v지터'

방향
direction
디렉션

어느 쪽이야?
Which way?
위취 웨이?

이쪽이에요.
This way.
디ᵗʰ스 웨이.

배
pear
페어ʳ

배
ship
쉬프

배고파요.
I am hungry.
아이 앰 헝그뤼.

배낭
backpack
백패크

배달
delivery
딜리버ᵛ뤼

배불러요.
I am full.
아이 앰 풀ˡ.

배우
actor|actress
액터ʳ|액트뤼스

배터리
battery
배터뤼

백화점
department store
디파아ʳ트먼트 스토어ʳ

뱃멀미하는
seasick
쓰이쓰이크

버섯
mushroom
머쉬루움

버스
bus
버스

어느 버스가 시내로 가나요?
Which bus goes downtown?
위취 버스 고우즈 다운타운?

7번 버스를 타세요.
Take the bus number 7.
테이크 더ᵗʰ 버스 넘버ʳ 쎄븐ᵛ.

버스가 얼마나 자주 오나요?
How often does the bus run?
하우 어어픈ᵗ 더즈 더ᵗʰ 버스 뤈?

버스 정류장
bus stop
버스 스타프

버스 정류장이 어디에 있나요?
Where is the bus stop?
웨어ʳ 이즈 더ᵗʰ 버스 스타프?

번역가|통역사
translator
트뤤슬레이터ʳ

통역이 필요해요.
I need a translator.
아이 니이드 어 트뤤슬레이터ʳ.

번화가
downtown
다운타운

벌꿀　honey
허니

벌레　insect
인쎅트

법률　law
을러어

베개　pillow
필로우

벼룩시장　flea market
플리이 마아키트

벽　wall
워얼

변명　excuse
익스큐우스

나 아니에요.
It's not me.
이츠 나아트 미이.

내가 그런 거 아니에요.
I didn't do that.
아이 디든트 두우 대ᵗʰ트.

변환 플러그　adapter
어댑터ʳ

변환 플러그가 있나요?
Do you have an adapter?
두우 유우 해브ᵛ 언 어댑터ʳ?

병　bottle
바틀

병맥주　bottled beer
바틀드 비어ʳ

병원　hospital
허스피틀

병원에 데려다 주세요.
Please take me to the hospital.
플리즈 테이크 미이 투 더ᵗʰ 허스피틀.

병원이 어디에 있나요?
Where is the hospital?
웨어ʳ 이즈 더ᵗʰ 허스피틀?

보드카　vodka
바ᵛ아드커

보라색　purple
퍼어ʳ플

보상　compensation
카암펜쎄이션

보증금　deposit
디파즈이트

복도　hallway
허얼웨이

복도 석　aisle seat
아이얼 쓰이트

복숭아　peach
피이취

복용하는 약이 있어요?
Are you taking any medicine?
아ʳ 유우 테이킹 애니 메디쓰인?

복통

stomachache
스터머크에이크

볶음

stir-fried
스터어ー프라이드

본문

text
텍스트

볼거리

attraction
어트뤡션

봄

spring
스프링

봉사료

service charge
써어ㄹ비ㅇ스 촤아ㄹ쥐

부드럽다

soft
쏘오프ㅌ

부모님

parent
페어뤈트

부엌

kitchen
키췬

부유하다

rich
뤼취

부인

wife
와이프

부정적

negative
네거티브v

부족하다

not enough
나아트 이너프

이걸로는 부족해.
It's not good enough.
이츠 나아트 구드 이너프.

부칠 짐

check-in baggage
췌킨 배기쥐

부칠 짐이 있나요?

Do you have
baggage to check in?
두우 유우 해브v
배기쥐 투 췍 인?

부침

fried
프라이드

부탁 하나 해도 될까요?

Can I ask a favor?
캔 아이 애스크 어 페이버v?

부탁합니다.

Please.
플리이즈.

북쪽

north
노어ㄹ뜨th

분

minute
미니트

분실

lose
을루우즈

잃어버렸어요.
I lost it.
아이 을러스트 이트.

186

여권을 잃어버렸어요.
I lost my passport.
아이 을러스트 마이 패스포어트.

열쇠를 잃어버렸어요.
I lost my key.
아이 을러스트 마이 키이.

분실물 보관소   lost and found
을러스트 앤드 파운드

분홍색   pink
핑크

불가능하다   impossible
임파아써블

불가능한 것은 없어요.
Nothing is impossible.
나띵ᵗʰ 이즈 임파아써블.

불편하다   uncomfortable
언캄퍼ʳ터블

브라우니   brownie
브라우니

블라우스   blouse
블라우스

비   rain
뤠인

비가 오네요.
It's raining.
이츠 뤠이닝.

비누   soap
쏘우프

비밀번호   password
패스워어드

비상 사태   emergency
이머어ʳ젼쓰이

도와주세요!
Help me!
헬프 미이!

큰일 났다.
I am in trouble.
아이 앰 인 트뤄블.

비서   secretary
쎄크러테어뤼

비슷하다   similar
쓰이밀러ʳ

비싸다   expensive
익스펜쓰이브ᵛ

바가지네!
What a rip off!
와트 어 뤼프 어프!

너무 비싸요.
It's too expensive.
이츠 투우 익스펜쓰이브ᵛ.

좀 깎아 주세요.
Give me a discount.
기브ᵛ 미이 어 디스카운트.

비즈니스석 business class
비즈니스 클래스

비행 flight
플'라이트

비행기 airplane
에어'플레인

비행기 결항한 이유가 뭡니까?
Why is my flight canceled?
와이 이즈 마이 플'라이트 캔쓸드?

비행기가 얼마나 연착될까요?
How long will the flight be delayed?
하우 을로옹 월 더th 플'라이트 비이 디일레이드?

비행기 멀미하는 airsick
에어'쓰이크

빈 자리가 아니에요.
This seat is taken.
디th스 쓰이트 이즈 테이큰.

빈도 frequency
프'뤼이쿠언쓰이

얼마나 자주?
How often?
하우 어어픈'?

때때로.
Sometimes.
썸타임스.

자주.
Often.
어어픈'.

항상.
Always.
얼웨이즈.

빈방 vacancy
베'이컨쓰이

빗 brush
브뤄쉬

빠르다 quick
퀴크

서둘러서.
Quickly.
퀴클리.

빠르게.
Fast.
패'스트.

빨간색 red
뤠드

빵 bread
브뤠드

188

사건   event
이벤ᵛ트

사고   accident
액쓰이던트

다쳤어요.
I am hurt.
아이 앰 허어ᵗ트.

구급차를 불러 주세요.
Ambulance.
앰뷸런스.

한국 대사관에 연락해 주세요.
Please contact the
Korean embassy.
플리이즈 컨택트 더ᵗʰ
커뤼이언 엠버쓰이.

사과   apple
애플

사람   person
퍼어ᵣ슨

사람들   people
피이플

사랑스럽다   lovely
을러블ᵛ리

사막   desert
데져ᵣ트

사무실   office
어어피스

사본   copy
카피

사실   fact
팩트

사실인   true
트루우

사안   matter
매터ᵣ

사업   business
비즈니스

사용료   usage fee
유우쓰이쥐 피이

사전   dictionary
딕셔네어뤼

사진기   camera
캐므뤄

사진 좀 찍어 주세요.
Take a picture, please.
테이크 어 픽쳐ᵣ, 플리이즈.

치즈~!(사진 찍을 때)
Say cheese!
쎄이 취이즈!

여기에서 사진 찍어도 되나요?
Can I take pictures here?
캔 아이 테이크 픽쳐ᵣ스 히어ᵣ?

여기서 사진 찍으면 안 돼요.
You cannot take pictures here.
유우 캐나아트 테이크 픽쳐ᵣ스 히어ᵣ.

사촌
cousin
커즌

사탕
candy
캔디

산
mountain
마운튼

산문
essay
에쎄이

산이 보이는 전망
mountain view
마운튼 뷰우

살짝 익힌
medium-rare
미이디엄 뤠어'

살쪘다
fat
패'트

삶
life
을라이프'

삼촌|외삼촌
uncle
엉클

네, 제 삼촌이
여기에 거주하십니다.
Yes, my uncle does.
예스, 마이 엉클 더즈.

상관
boss
버스

상의
top
타프

상자
box
바악스

상점
store
스토어'

상처
wound
우운드

상태
condition
컨디션

상품권
gift certificate
기프'트 써어'티피'케이트

상황
situation
쓰이츄에이션

새
bird
버어'드

새롭다
new
뉴우

새우
shrimp
슈륌프

색깔
color
컬러'

다른 색도 있나요?
Is there any other color?
이즈 데어'어' 애니 아더th,r 컬러'?

샌드위치
sandwich
쌘드위취

샐러드
salad
쌜러드

생각해 볼게.
I will think about it.
아이 윌 띵ᵗʰ크 어바우트 이트.

생리대
sanitary napkin
쌔너테어뤼 냅킨

생리통
period cramps
피어뤼어드 크뤰프스

생맥주
draft beer
드뤠프트 비어ʳ

생물
creature
크뤼이쳐ʳ

생선
fish
피쉬

생일
birthday
버어ʳ뜨ᵗʰ데이

샤워기
shower hose
샤우워ʳ 허우즈

샷 추가해 주세요.
Add an extra shot, please.
애드 언 엑스트뤄 샷, 플리이즈.

서둘러!
Hurry up!
허어뤼 어프!

서둘러서.

Quickly.
퀴클리.

서류 가방
briefcase
브뤼프ᶠ케이스

서점
book store
부크 스토어ʳ

서쪽
west
웨스트

선글라스
sunglasses
썬글래쓰이즈

선물
gift
기프ᶠ트

선물포장
gift-wrap
기프ᶠ트뤠프

선물용으로 포장 가능한가요?
Can you gift-wrap it?
캔 유우 기프ᶠ트뤠프 이트?

선생님
teacher
티이쳐ʳ

선택
choice
쵸이스

이걸로 주세요.
This one, please.
디ᵗʰ스 원, 플리이즈.

제대로 골랐네.
Good choice.
구드 쵸이스.

선풍기
fan
팬

설사
diarrhea
다이어뤼아

ㄱ　　　ㄴ　ㄷ　ㄹ ㅁ　ㅂ　　ㅅ

설탕
sugar
슈거r

설탕은 빼 주세요.
No sugar, please.
노우 슈거r, 플리즈.

성게
sea urchin
쓰이 어r친

성공
success
썩쎄스

성별
sex
쎅스

성함이 어떻게 되세요?
What is your name?
와트 이즈 유어r 네임?

세 번.
3 times.
뜨ㅐ뤼이 타임즈.

세관신고
customs declaration
커스텀스 데클러뤠이션

세관 신고할 것이 있습니까?
Do you have
anything to declare?
두우 유유 해브v
애니띵th 투 디클레어r?

세관신고서를 주십시오.
Please hand me the
customs declaration card.
플리즈 핸드 미이 더th
커스텀스 데클러뤠이션 카아드.

세금
tax
택스

세금 포함인가요?
Including tax?
인클루우딩 택스?

세금 환급
tax refund
택스 뤼펀드

세금 환급은 어디서 받나요?
Where can I get a tax refund?
웨어r 캔 아이 게트 어 택스 뤼펀드?

세상에!
Oh my god!
오우 마이 가아드!

세탁물
laundry
을러언드뤼

**세탁 서비스를
이용할 수 있나요?**
Is there a laundry service?
이즈 데th어r 어 을러언드뤼 써어r비v스?

셔츠
shirt
셔어r트

셔틀버스
shuttle bus
셔틀 버스

셔틀버스가 있나요?
Do you have a shuttle bus?
두우 유유 해브v 어 셔틀 버스?

192

소고기	beef 비이프
소금	salt 써얼트
소녀	girl 거얼
소년	boy 보이
소리	sound 싸운드
소리가 큰	loud 을라우드
소매치기	pickpocket 피크파아키트
소방관	firefighter 파이어파이터
소방서	fire station 파이어 스테이션
소설	novel 너블
소스	sauce 쏘오스

소고기로 주세요.
Beef, please.
비이프, 플리이즈.

소음	noise 노이즈
소파	sofa 쏘우파
소화불량	indigestion 인디줴스츄언
소화제	digestive tablets 다이쥐스티브 태블리츠
속도	speed 스피이드
속상하다	upset 업세트
손	hand 핸드
손가락	finger 핑거
손가락 지문	fingerprint 핑거프륀트
손가방	handbag 핸드배액
손수건	handkerchief 행커춰이프
손해	loss 을러스

체한 것 같아요.
I have indigestion.
아이 해브 인디줴스츄언.

쇼

show
쇼우

공연이 몇 시에 시작하나요?
When does the show begin?
웬 더즈 더th 쇼우 비긴?

공연이 몇 시에 끝나나요?
When does the show end?
웬 더즈 더th 쇼우 엔드?

쇼핑

shopping
샤아핑

그냥 구경하고 있어요.
I am just looking.
아이 앰 저스트 을루킹.

이것 좀 볼 수 있을까요?
Can I see this one?
캔 아이 쓰이 디th스 원?

저것 좀 보여주실 수 있나요?
Can you show me that?
캔 유우 쇼우 미이 대th트?

추천해 주실 만하신 게 있나요?
What would you recommend?
와트 우드 유우 레커멘드?

이거 주세요.
Give me this.
기브v 미이 디th스.

저걸로 주세요.
That one, please.
대th트 원, 플리이즈.

쇼핑백

shopping bag
샤아핑 배액

쇼핑센터

shopping center
샤아핑 쎈터

수건

towel
타우얼

수돗물

tab water
태브 워어터

수량

quantity
퀀터티

몇 개?
How many?
하우 메니?

수박

water melon
워어터 멜런

수송

transportation
트뤤스퍼'테이션

수업

lesson
을레쓴

수영장

swimming pool
스위밍 푸울

수영 하고 싶어요.
I want to swim.
아이 원트 투 스윔.

수요일

Wednesday
웬즈데이

수족관	aquarium 어쿠웨이뤼엄	**숙제**	homework 호움워어크
수준	level 을레블ᵛ	**순간**	moment 모우멘트
수치심	shame 슈에임	**숟가락**	spoon 스푸운
수프	soup 쑤우프		

숟가락을 떨어뜨렸어요.
I dropped my spoon.
아이 드롭트 마이 스푸운.

수하물 보관표	claim tag 클레임 태그	**술**	alcohol 앨커호올
수하물	baggage 배기쥐		

건배!
Cheers!
취어ʳ스!

제 수하물이 없어졌어요.
My baggage is missing.
마이 배기쥐 이즈 미쓰잉.

원 샷!
Bottoms up!
바틈스 어프!

수하물 찾는 곳　baggage claim
배기쥐 클레임

		술집	bar 바아ʳ

**수하물 찾는 곳이
어디에 있나요?**

Where is the baggage claim?
웨어ʳ 이즈 더ᵗʰ 배기쥐 클레임?

		숫자	number 넘버ʳ
수화물 서비스	baggage service 배기쥐 써어ʳ비스	**숲**	forest 포ʳ어뤠스트
숙박등록카드	registration card 뤠쥐스트뤠이션 카아ʳ드	**쉽다**	easy 이이즈이

숙박료가 얼마인가요?
What is the room rate?
와트 이즈 더ᵗʰ 루움 뤠이트?

슈퍼마켓	supermarket 수우퍼ʳ마아키트

스몰 사이즈　　small size
　　　　　　　　　스머얼 싸이즈

스웨터　　　　　sweater
　　　　　　　　　스웨터

스위트 룸　　　suite room
　　　　　　　　　스위이트 루움

스카프　　　　　scarf
　　　　　　　　　스카아프

스캐너를 통과하세요.
Walk through the scanner.
워어크 뜨루우 더 스캐너.

스테이크　　　　steak
　　　　　　　　　스테이크

스포츠　　　　　sports
　　　　　　　　　스포어츠

시　　　　　　　poem
　　　　　　　　　포우엄

시간　　　　　　time
　　　　　　　　　타임

얼마 동안?
How long?
하우 을로옹?

2시간은 걸릴걸요.
It takes 2 hours.
이트 테익스 투우 아우워스.

시간 없어요.
I have no time.
아이 해브 노우 타임.

시간　　　　　　hour
　　　　　　　　　아우워

몇 시입니까?
What time is it?
와트 타임 이즈 이트?

시간약속　　　　appointment
　　　　　　　　　어포인트먼트

시간표　　　　　timetable
　　　　　　　　　타임테이블

시계　　　　　　clock
　　　　　　　　　클라크

시골　　　　　　countryside
　　　　　　　　　컨트뤼싸이드

시나몬 파우더　cinnamon powder
　　　　　　　　　쓰이나먼 파우더

시다　　　　　　sour
　　　　　　　　　싸우어

시도해 보고 싶어요.

I want to try.
아이 원트 투 트라이.

시럽　　　　　　syrup
　　　　　　　　　쓰이뤄프

시설　　　　　　facility
　　　　　　　　　퍼쓰일러티

시원하다　　　　cool
　　　　　　　　　쿠울

시작
start
스타아트

시장
market
마아키트

시제
tense
텐스

시험
test
테스트

식기류
tableware
테이블웨어

식당
restaurant
레스트라안트

**좋은 식당을
추천해 주실 수 있나요?**
Can you recommend a
good restaurant?
캔 유우 레커멘드 어
구드 레스트라안트?

이거 서비스인가요?
Is it on the house?
이즈 이트 어언 더th 하우스?

이거 공짜인가요?
Is it for free?
이즈 이트 포어 프리이?

공짜가 아닙니다.
It's not free.
이츠 나아트 프리이.

식사
meal
미일

식사 맛있게 드세요.

Enjoy your meal.
인조이 유어 미일.

식재료
ingredients
인그뤼이디언츠

식초
vinegar
비ㅣ네거

신문
newspaper
뉴우스페이퍼

신발
shoes
슈우즈

신분증
ID card
아이디이 카아드

신선한가요?

Fresh?
프뤠쉬?

신용카드를 취소하고 싶습니다.

I would like to
cancel my credit card.
아이 우드 을라이크 투
캔쓸 마이 크뤠디트 카아드.

신이 났다
excited
익싸이티드

신호
sign
싸인

ㄱ　　　ㄴ　　ㄷ　　ㄹ　ㅁ　　ㅂ　　　ㅅ

| 신호등 | traffic light 트뤠피크 을라이트 |
| 실내의 | indoor 인도어 |

실례합니다.

Excuse me.
익스큐우즈 미이.

실망했어요.

I am disappointed.
아이 앰 디써포인티드.

실수	mistake 미스테이크
실외의	outdoor 아웃도어
실패	failure 페일류어
심각하다	serious 쓰이뤼어스
싱글 룸	single room 쓰잉글 루움

싱글룸으로 주세요.
Single room, please.
쓰잉글 루움, 플리이즈.

| 싱글 침대 | single bed 쓰잉글 베드 |

싸움	fighting 파이팅
쌀	rice 롸이스
쓰다	bitter 비터r

아, 안 돼…

Oh, no…
오우, 노우…

아기   baby
베이비

아니에요.

No.
노우.

아니요, 없습니다.

No, I don't.
노우, 아이 도운트.

아닐걸요.

Maybe not.
메이비 나앗.

아들   son
썬

아래층   downstairs
다운스테어'스

아름답다   beautiful
뷰우티플

아마도요.

Maybe.
메이비.

아메리카노   americano
어메뤼카노우

아무것도 아니에요.

Nothing.
나띵ᵗʰ.

아무도 몰라요.

Nobody knows.
노우바디 노우즈.

아보카도   avocado
아보ᵛ카도우

아빠   father
파아더ᵗʰ.ʳ

아야!

Ouch!
아우취!

아이\|소인   child\|kid
촤일드\|키드

아이스크림   ice-cream
아이스크뤼임

**바닐라 아이스크림
한 스쿠프 주세요.**

One scoop of
vanilla ice cream, please.
원 스쿠우프 어브ᵛ
버ᵛ닐라 아이스 크뤼임, 플리이즈.

아주 멋지다   wonderful
원더'플

아직이에요.

Not yet.
나아트 예트.

아침   morning
모어닝

아침에.
In the morning.
인 더th 모어닝.

아침 식사   breakfast
브뤡퍼스트

아침 식사는 언제인가요?
What time is breakfast?
와트 타임 이즈 브뤡퍼스트?

아프다   sick
쓰이크

아파요?
Are you sick?
아r 유우 쓰이크?

아파요.
I am sick.
아이 앰 쓰이크.

저 몸이 별로 안 좋아요.
I am not feeling well.
아이 앰 나아트 페l일링 웰.

나 감기 걸렸어.
I caught a cold.
아이 커어트 어 코울드.

열이 납니다.
I have a fever.
아이 해브v 어 피이버r.

악취   bad smell
배드 스멜

안개   fog
포f오그

안경   glasses
글래쓰이즈

안내 데스크   information desk
인포f,r메이션 데스크

안내 책자   brochure
브뤄우슈어r

안내 책자 좀 받을 수 있을까요?
Can I get a brochure?
캔 아이 게트 어 브뤄우슈어r?

안내원   concierge
컨쓰이어r쥐

안내자   guide
가이드

안녕하세요 오전 **.**

Good morning.
구드 모어닝.

안녕하세요 오후 **.**

Good afternoon.
구드 애프터r누운.

안녕하세요 저녁 **.**

Good evening.
구드 이이브v닝.

안녕하세요.|안녕.

Hello.|Hi.
헬로우.|하이.

안약

eye drops
아이 드라프스

안전띠

seat belt
쓰이트 벨트

안전하다

safe
쎄이프

안쪽

inside
인싸이드

앉으셔도 됩니다.

Have a seat, please.
해브 어 쓰이트, 플리이즈.

알겠어요.|이해했어요.

I see.|I got it.
아이 쓰이.|아이 가트 이트.

알람

alarm
알라아암

알레르기

allergy
얼러어쥐

　음식 알레르기가 있으신가요?

Do you have
any food allergies?
두우 유우 해브
애니 푸우드 얼러어쥐스?

　저는 땅콩 알레르기가 있습니다.

I am allergic to peanuts.
아이 앰 얼러어쥑 투 피이너츠.

땅콩이 들어 있나요?

Does it contain peanuts?
더즈 이트 컨테인 피이너츠?

땅콩은 빼고 주세요.

Without peanuts
for me, please.
위다ᵗʰ우트 피이너츠
포ʳ어 미이, 플리이즈.

알아요.

I know.
아이 노우.

앞

front
프ʳ런트

애피타이저

appetizer
애피타이즈어ʳ

액세서리

accessory
액쎄서뤼

**액체로 된 물건을
가지고 있습니까?**

Are you carrying
any liquids?
아ʳ 유우 캐뤼이잉
애니 을리쿠이즈?

야구

baseball
베이스보올

야채

vegetable
베ʲ지터블

　신선한가요?

Fresh?
프ʳ뤠쉬?

약　medicine
메디쓰인

복용하는 약이 있어요?
Are you taking any medicine?
아 유우 테이킹 애니 메디쓰인?

저는 혈압약을 복용하고 있어요.
I am taking a medicine
for high blood pressure.
아이 앰 테이킹 어 메디쓰인
포어 하이 블러드 프레셔.

멀미약 주세요.
Medicine for
motion sickness, please.
메디쓰인 포어
모우션 쓰이크니스, 플리이즈.

두 알씩 드세요.
Take two.
테이크 투우.

약간.
Just a little.
져스트 어 올리틀.

약간의|몇몇의　some
썸

약국　pharmacy
파아머쓰이

약혼　engagement
인게이쥐먼트

얇다　thin
띤th

양고기　lamb | mutton
을래앰 | 머튼

양말　socks
싸악스

양파　onion
어니언

어깨　shoulder
쇼울더

어느 게 더 낫니?

Which is better?
위취 이즈 베터?

어느 버스가 시내로 가나요?
Which bus goes downtown?
위취 버스 고우즈 다운타운?

어느 쪽이야?
Which way?
위취 웨이?

어둡다　dark
다아크

어디서 갈아탈 수 있나요?

Where can I make
my connection?
웨어 캔 아이 메이크
마이 커넥션?

어디서 오셨어요?
Where are you from?
웨어 아 유우 프럼?

어디에 계실 예정입니까?

> Where will you be staying?
> 웨어 윌 유우 비이 스테이잉?

어디에서 표를 살 수 있나요?

> Where can I buy tickets?
> 웨어' 캔 아이 바이 티키츠?

어때?

> How is it?
> 하우 이즈 이트?

어떤 거?

> Which one?
> 위춰 원?

어떤 것으로 드릴까요?

> What would you like?
> 와트 우드 유우 을라이크?

어떤 게 좋니?

> Which one do you like?
> 위춰 원 두우 유우 을라이크?

어떻게 지내요?

> How are you?
> 하우 아' 유우?

어떻게?

> How?
> 하우?

어렵다|곤란하다　difficult
　　　　　　　　　디피'컬트

어렵다　　　　　hard
　　　　　　　　하아'드

　　　　　　힘들어요.
　　　　　　It's hard.
　　　　　　이츠 하아'드.

어른　　　　　adult
　　　　　　　어덜트

어림없는 소리!

> Never!|Not at all!
> 네버ˇ·ˊ|나아트 애트 어얼!

어제　　　　　yesterday
　　　　　　　예스터'데이

언어　　　　　language
　　　　　　　을랭그위쥐

언제 끝낼 수 있어요?

> When can you finish it?
> 웬 캔 유우 피니쉬 이트?

언제 올 수 있는데?

> When can you come?
> 웬 캔 유우 컴?

언제 체크인할 수 있나요?

> What time can I check-in?
> 왓 타임 캔 아이 췌킨?

언제든지.

> Anytime.
> 애니타임.

언제부터 언제까지요?

From when until when?

프ّ뢈 웬 언틸 웬?

얼굴

face

페이스

얼마 동안?

How long?

하우 을로옹?

얼마나 걸립니까?

How long will it take?

하우 을로옹 윌 이트 테이크?

얼마나 빨리?

How soon?

하우 쑤운?

얼마나 자주?

How often?

하우 어어픈'?

얼마나 체류할 예정입니까?

How long are you staying?

하우 을로옹 아' 유우 스테이잉?

얼마예요?

How much?

하우 머춰?

얼음

ice

아이스

엄마

mother

마더th,r

엄청나다

great

그뤠이트

업무 출장으로 왔습니다.

I am here for a business trip.

아이 앰 히어' 포'어' 어 비즈니스 트뤼프.

에너지

energy

에너'쥐

에스프레소

espresso

에스프레쏘우

에어컨

air conditioner

에어'컨디셔너'

에어컨이 작동하지 않아요.

The air-conditioner doesn't work.

디th 에어–컨디셔너'

더즌트 워어크.

여권

passport

패스포어'트

여권 좀 보여 주시겠어요?

May I see your passport?

메이 아이 쓰이 유어' 패스포어'트?

여권을 잃어버렸어요.

I lost my passport.

아이 을러스트 마이 패스포어'트.

여기.

Here.

히어'.

여기 502호인데요.

This is room number 502.
디ᵗʰ스 이즈 루움 넘버'
파이브ᵛ 즈이뤄우 투우.

여기 앉아도 될까요?

Is this seat taken?
이즈 디ᵗʰ스 쓰이트 테이큰?

여기 있습니다.

Here it is.
히어' 이트 이즈.

여기가 어디예요?

Where am I?
웨어' 앰 아이?

여기서 교통카드를 살 수 있어요?

Can I buy a
transportation card here?
캔 아이 바이 어
트뤤스퍼'테이션 카아'드 히어'?

여기서 내려줄 수 있어?

Can you drop me off here?
캔 유우 드롸프 미이 어프' 히어'?

여기서 드십니까, 포장하십니까?

For here or to go?
포'어' 히어' 오어' 투 고우?

여기서 먹겠습니다.

For here, please.
포'어' 히어', 플리이즈.

여기서 사진 찍으면 안 돼요.

You cannot take pictures here.
유우 캐나아트 테이크 픽쳐'스 히어'.

여기서 세워 주세요.

Stop here, please.
스타프 히어', 플리이즈.

여기에 얼마나 머무르실 건가요?

How long are you staying here?
하우 을로옹 아' 유우 스테이잉 히어'?

여기에서 사진 찍어도 되나요?

Can I take pictures here?
캔 아이 테이크 픽쳐'스 히어'?

여러 번.

Many times.
메니 타임즈.

여름	summer 써머'
여성	female 피'이메일
여자	woman 워먼
여자 친구	girlfriend 거얼'프뤤드
여자 형제	sister 쓰이스터'
여행일정표	itinerary 아이티너뤠어뤼
여행자 보험	traveler's insurance 트뤠블ᵛ러'스 인슈어뤈스

역사   history
히스트뤼

연극   play
플레이

연기   smoke
스모우크

연락하면서 지내자!

Keep in touch!
키이프 인 터취!

연습 수련   practice
프뤡티스

연어   salmon
쌜먼

연인   lover
을러버ᵛ.ᵣ

연필   pencil
펜쓸

열린   open
오우픈

열쇠   key
키이

열쇠를 두고 나와서 못 들어가요.
I locked myself out.
아이 을락드 마이쎌프ᵖ 아우트.

열쇠를 잃어버렸어요.
I lost my key.
아이 을러스트 마이 키이.

열이 납니다.
I have a fever.
아이 해브ᵛ 어 피ᵖ이버ᵛ.ᵣ

영수증   receipt
뤼쓰이트

영수증 좀 주세요.
Can I have the receipt?
캔 아이 해브ᵛ 더ᵗʰ 뤼쓰이트?

영어 메뉴판 있어요?
Do you have an English menu?
두우 유우 해브ᵛ 언 잉글리쉬 메뉴우?

영어 할 줄 알아요?
Do you speak English?
두우 유우 스피이크 잉글리쉬?

영어를 못해요.
I don't speak English.
아이 더운트 스피이크 잉글리쉬.

영업시간이 어떻게 되나요?

What are your working hours?
와트 아ᵣ 유어ᵣ 워어ᵣ킹 아우워ᵣ스?

영화   movie
무우비ᵛ

영화관   movie theater
무우비ᵛ 띠ᵗʰ어터ᵣ

옆

side
싸이드

옆방이 너무 시끄러워요.
My next door is too noisy.
마이 넥스트 도오어' 이즈 투우 노이즈이.

예

example
익즈앰플

예를 들면 어떤 거?

Such as?
써취 애즈?

예쁘다

pretty
프뤼티

예술

art
아'트

예약

reservation
뤠져'베'이션

예약하셨나요?
Did you make a reservation?
디드 유우 메이크 어 뤠져'베'이션?

예약해 뒀어요.
I have a reservation.
아이 해브ˇ 어 뤠져'베'이션.

인터넷으로 예약했어요.
I made a reservation online.
아이 메이드 어 뤠져'베'이션 어언라인.

7시에 2명 예약이요.
Reservation at 7 for 2.
뤠져'베'이션 애트 쎄븐' 포'어' 투우.

방을 예약할 수 있을까요?
Can I book a room?
캔 아이 부크 어 루움?

여기에 얼마나 머무르실 건가요?
How long are you staying here?
하우 을로옹 아' 유우 스테이잉 히어'?

3박.
3 nights.
뜨ᵗʰ뤼이 나이츠.

10일 동안 머무를 예정입니다.
I am staying for 10 days.
아이 앰 스테이잉 포'어' 텐 데이즈.

예약이 꽉 찼어요.
Fully booked.
풀'리 북드.

오늘

today
투데이

오늘 밤에 시간 있어요?

Are you free tonight?
아' 유우 프'뤼이 투나이트?

오렌지

orange
어륀쥐

오류

error
에뤄어'

오른쪽

right side
라이트 싸이드

오리고기

duck
더크

오토바이
motorcycle
모우터'싸이클

오후
afternoon
애프터'누운

오후에.
In the afternoon.
인 디th 애프터'누운.

온도
temperature
템프러쳐'

옳다
right
라이트

맞나요?
Am I right?
앰 아이 라이트?

1+1=

네가 옳아.
You are right.
유우 아' 라이트.

옵션|선택사항
option
업션

옷
clothes
클러어뜨th스

와 줄 수 있어요?
Can you come?
캔 유우 컴?

와사비
wasabi
와아사비

와이셔츠
dress shirt
드뤠스 셔어'트

와이파이 비밀번호가 뭐예요?

What is the Wi-Fi password?
와트 이즈 더th 와이파이 패스워어'드?

와이파이가 되나요?
Is Wi-Fi available?
이즈 와이파이 어베v일러블?

와인
wine
와인

와플
waffle
워플

완벽하다
perfect
퍼어'펙트

완전히 익힌
well done
웰 던

왕복여행
round-trip
롸운드트뤼프

왕복 표 두 장 주세요.
2 round tickets, please.
투우 롸운드 티키츠, 플리이즈.

왜?

Why?
와이?

외투
outwear
아우트웨어'

왼쪽	left side 을레프트 싸이드	

왼쪽으로 꺾으세요.

Turn left.
터언 을레프트.

요금 — fee
파이

얼마예요?

How much?
하우 머취?

요점 — point
포인트

요청 — request
뤼퀘스트

요통 — backache
배크에이크

욕실 — bathroom
배뜨ㅑ루움

욕실용품 — amenity
어메니티

욕조 — bath tub
배뜨th 텁

우산 — umbrella
엄브뤨러

우습다 — funny
퍼니

우와.

Wow.
와우.

우유 — milk
미일크

우체국 — post office
포우스트 어어피스

우편 — mail
메일

운이 좋다.

Lucky.
을럭키.

운전 — driving
드라이빙ᵛ

운전면허증 — driving license
드라이빙ᵛ 을라이쎈스

운전수 — driver
드라이버ᵛ.ʳ

원래의 — original
어어뤼쥐늘

원피스 — dress
드뤠스

월 — month
먼뜨th

월요일 — Monday
먼데이

위배	stomach 스터머크	**음료**	drink 드링크

뜨거운 거요 아니면 차가운 거요?
Hot or iced?
하트 오어 아이스드?

위스키	whisky 위스키

차가운 거요.
With ice, please.
위드th 아이스, 플리이즈.

위층	upstairs 업스테어'스

너무 뜨거워요.
It's too hot.
이츠 투우 하트.

위험	danger 데인져'

위험하다	dangerous 데인져뤄스

너무 차가워요.
It's too cold.
이츠 투우 코울드.

유용하다	useful 유우스플

		음식	food 푸'우드
유일한	only 오운리		

음식 알레르기가 있으신가요?
Do you have
any food allergies?
두우 유유 해브v 애니
푸'우드 얼러어'쥐스?

유자	citron 쓰이트뤈

유적지	historic site 히스토어뤼크 싸이트

음식이 너무 익었어요.
It's overcooked.
이츠 오우버'쿡드.

육지	land 을랜드

음식이 덜 익었어요.
It's not cooked enough.
이츠 나아트 쿡드 이너프'.

은	silver 쓰일버v.r

		음악	music 뮤우즈이크
은행	bank 뱅크		

의견　　　opinion
어피니언

의미　　　meaning
미이닝

의사　　　doctor
닥터ʳ

의사소통　communication
커뮤우니케이션

의자　　　chair
췌어ʳ

이 근처예요.

It's near here.
이츠 니어ʳ 히어ʳ.

이 번호로 연락 좀 해 주세요.
Please call this number.
플리즈 커얼 디ᵗʰ스 넘버ʳ.

**이 요리와 가장 잘 어울리는
와인은 어떤 건가요?**
Which wine goes best
with the dish?
위취 와인 고우즈 베스트
위드ᵛ 더ᵗʰ 디쉬?

이 제품 있습니까?
Do you have this in stock?
두우 유우 해브ᵛ 디ᵗʰ스 인 스타크?

이거 공짜인가요?
Is it for free?
이즈 이트 포ʳ어ʳ 프뤼이?

이거 당신 거예요?

Is it yours?
이즈 이트 유어ʳ스?

이거 서비스인가요?
Is it on the house?
이즈 이트 어언 더ᵗʰ 하우스?

이거 싸주시겠어요?
Can you wrap this, please?
캔 유우 뤱프 디ᵗʰ스, 플리즈?

이거 얼마예요?
How much is it?
하우 머취 이즈 이트?

이거 주세요.
Give me this.
기브ᵛ 미이 디ᵗʰ스.

이거 할인되나요?
Is it on sale?
이즈 이트 어언 쎄일?

이건 내 거예요.
It's mine.
이츠 마인.

이건 내 잘못이 아니에요.
It's not my fault.
이츠 나아트 마이 포ʳ올트.

이건 너무 수수해요.

It's too simple.
이츠 투우 쓰임플.

이건 어떤 음식인가요?

What kind of food is it?
와트 카인드 어ᵛ 푸ᶠ우드 이즈 이트?

이건 지나쳐요.

It's too much.
이츠 투우 머취.

이걸 원해요?

Do you want it?
두우 유우 원트 이트?

이걸로 고를게요.

I will choose this.
아이 윌 츄우즈 디ᵗʰ스.

이걸로 주세요.

This one, please.
디ᵗʰ스 원, 플리이즈.

이걸로는 부족해.

It's not good enough.
이츠 나아트 구드 이너프ᶠ.

이것 좀 볼 수 있을까요?

Can I see this one?
캔 아이 쓰이 디ᵗʰ스 원?

이게 무슨 뜻이야?

What is the meaning?
와트 이즈 더ᵗʰ 미이닝?

이게 뭐예요?

What is it?
와트 이즈 이트?

이곳이 얼마나 먼가요?

How far is it?
하우 파ᶠ아ʳ 이즈 이트?

이런 식으로 하면 돼?

Like this?
을라이크 디ᵗʰ스?

이런!│아이고!│어머나!

Oops!
웁스!

이런…

What the…
와트 더ᵗʰ…

이르다　　early
어얼ʳ리

이름　　name
네임

이메일　　e-mail
이이메일

이모│고모　　aunt
앤트

이불　　blanket
블랭키트

이상하다　　strange
스트뤠인쥐

이야기　story
스토어뤼

이용할 수 있다　available
어베ᵛ일러블

이웃　neighbor
네이버ʳ

이유　reason
뤼이즌

이익　benefit
베니피트

이전의　previous
프뤼비ᵛ어스

이제 가야겠어.
It's time to go.
이츠 타임 투 고우.

이쪽이에요.
This way.
디ᵗʰ스 웨이.

이코노미석　economy class
이커너미 클래스

이해가 안 돼요.
I don't understand.
아이 더운트 언더ʳ스탠드.

이혼　divorce
디보ᵛ어스

익힘 정도　cooking
쿠킹

음식이 너무 익었어요.
It's overcooked.
이츠 오우버ʳ쿠드.

음식이 덜 익었어요.
It's not cooked enough.
이츠 나아트 쿠드 이너프ᶠ.

인기 있다　popular
파아퓰러ʳ

인터넷　Internet
인터ʳ네트

인터넷으로 예약했어요.
I made a reservation online.
아이 메이드 어 뤠져ʳ베ᵛ이션 어언라인.

인터넷을 사용할 수 있나요?
Can I use the Internet?
캔 아이 유우즈 디ᵗʰ 인터ʳ네트?

일기　diary
다이어뤼

일등석　first class
퍼ʳ어ʳ스트 클래스

일방통행　one way
원 웨이

일부　part
파아트

일요일
Sunday
썬데이

일정
schedule
스케쥬울

일주일
week
위이크

일행이 계신가요?

Do you have company?
두우 유우 해ᵛ 컴퍼니?

잃어버렸어요.

I lost it.
아이 을러스트 이트.

입
mouth
마우뜨th

입구
entrance
엔트런스

입구가 어디인가요?
Where is the entrance?
웨어ʳ 이즈 디th 엔트런스?

입국 심사
immigration
이미그뤠이션

입국신고서
arrival card
어라이블ᵛ 카아드

**당신의 여권과
입국신고서를 보여주세요.**

Your passport and
arrival card, please.
유어ʳ 패스포어ʳ트 앤드
어라이블ᵛ 카아드, 플리즈.

입어보다
try on
트라이 어언

입어 봐도 되나요?
Can I try this on?
캔 아이 트라이 디th스 어언?

탈의실이 어디에 있나요?
Fitting room?
피팅 루움?

입장
entry
엔트뤼

입장료
entrance fee
엔트런스 피이

입장료가 얼마인가요?
How much is the admission fee?
하우 머치 이즈 디th 어드미션 피이?

잊어버렸어요.

I forgot it.
아이 포ʳ어ʳ가트 이트.

자, 빨리빨리!

Come on! Come on!
컴 어언! 컴 어언!

자동차
car
카아

차를 한 대 빌리고 싶어요.
I would like to rent a car.
아이 우드 올라이크 투 뤤트 어 카아.

자동판매기
vending machine
벤ᵛ딩 머쉬인

자리를 바꿀 수 있을까요?
Can I change my seat?
캔 아이 췌인쥐 마이 쓰이트?

자몽
grapefruit
그뤠입ᵖ프ᶠ루트

자원
resources
뤼쏘오어ʳ쓰이스

자유
freedom
프ᶠ뤼이덤

자전거
bicycle
바이쓰이클

자주.
Often.
어어픈ᶠ.

작가
writer
라이터ʳ

작다
small
스머얼

너무 작아요.
It's too small.
이츠 투우 스머얼.

잔돈은 괜찮아요.
Keep the change.
키이프ᵖ 더ᵗʰ 췌인쥐.

잘 가!

Bye!
바이!

잘 익힌
medium-well done
미이디엄 웰 던

잘 자.

Good night.
구드 나이트.

잘된 일이네.

Good for you.
구드 포ᶠ어ʳ 유우.

잘못
fault
포ᶠ올트

내 탓 하지 마.
Don't blame me.
더운트 블레임 미이.

이건 내 잘못이 아니에요.
It's not my fault.
이츠 나아트 마이 포ᶠ올트.

잘했어.

Good job.
구드 좌압.

잠시만요.

Wait a moment please.
웨이트 어 모우멘트 플리즈.

잡지   magazine
매거즈이인

잡화   merchandise
머어r춴다이즈

장갑   gloves
글러브v스

장기주차   long stay
을로옹 스테이

장난감   toy
토이

장소   place
플레이스

장신구   jewelry
쥬얼뤼

재고가 없습니다.

We're out of stock.
위어r 아우트 어브v 스타크.

재떨이 좀 주세요.

Please give me an ashtray.
플리즈 기브v 미이 언 애쉬트레이.

재미있다   interesting
인트뤠스팅

재미있을 거야!

It will be fun!
이트 윌 비이 펀!

재킷   jacket
줴키트

저 몸이 별로 안 좋아요.

I am not feeling well.
아이 앰 나아트 피v일링 웰.

저 바로 여기 있을게요.

I will be right here.
아이 윌 비이 롸이트 히어r.

저걸로 주세요.

That one, please.
대th트 원, 플리즈.

저것 좀 보여주실 수 있나요?

Can you show me that?
캔 유우 쇼우 미이 대th트?

저기요(종업원을 부를 때).

Excuse me.
익스큐우즈 미이.

저녁   evening
이이브v닝

저녁에.

In the evening.
인 디th 이이브v닝.

저녁 식사　　　　　　　　dinner
디너ᴿ

저는 고혈압이에요.
I have high blood pressure.
아이 해브ᵛ 하이 블러드 프레셔ᴿ.

저는 길을 잃었어요.

I am lost.
아이 앰 울러스트.

저는 당뇨가 있어요.
I have diabetes.
아이 해브ᵛ 다이어비이티이즈.

저는 땅콩 알레르기가 있습니다.
I am allergic to peanuts.
아이 앰 얼러ᴿ쥐크 투 피이너츠.

저는 미나입니다.
I am 미나.|My name is 미나.
아이 앰 미나.|마이 네임 이즈 미나.

저는 스무 살이에요.

I am twenty.
아이 앰 트웬티.

저는 잘 지내요.
I am good.|I am fine.
아이 앰 구드.|아이 앰 파인.

저는 학생입니다.
I am a student.
아이 앰 어 스튜우던트.

저는 혈압약을 복용하고 있어요.
I am taking a medicine
for high blood pressure.
아이 앰 테이킹 어 메디쓰인
포ᴿ어ᴿ 하이 블러드 프레셔ᴿ.

저도 그래요.

Me too.
미이 투우.

저도 아니에요.

Me neither.
미이 니이더ᵗʰ.ᴿ

저도 즐거웠어요.
It was my pleasure.
이트 워어즈 마이 플레져ᴿ.

저런 비슷한 거요.
Something like that.
썸띵ᵗʰ 올라이크 대ᵗʰ트.

저를 거기로 데려다줄 수 있어요?
Can you take me there?
캔 유우 테이크 미이 데ᵗʰ어ᴿ?

저를 대기 명단에
올려주실 수 있나요?

Could you put me
on the waiting list?
쿠드 유우 푸트 미이
어언 더ᵗʰ 웨이팅 올리스트?

저지방 우유   skinny milk
스키니 미일크

**저희 영업시간은
낮 10시부터 밤 8시까지입니다.**

Our business hours are
from 10am till 8pm.
아워' 비즈니스 아우워'스 아
프'럼 텐에이엠 틸 에이트피엠.

적다(양)   little
을리틀

전기   electricity
일렉트뤼쓰이티

전기 주전자   electric kettle
일렉트뤼크 케틀

전등   lamp
을램프

전시   exhibition
익즈이비션

전신이 다 아파요.

My whole body aches.
마이 호울 바아디 에이크스.

전자제품   electronics
일렉트뤄닉스

전자항공권   e-ticket
이-티키트

전쟁   war
워어'

전체의   total
토우틀

전화기   telephone
텔레포'운

전화기(휴대폰)가 고장 났어요.

My phone is out of order.
마이 포'운 이즈 아우트 어브' 오어'더'.

전화번호 좀 알려 주세요.

Can I have your number.
캔 아이 해브' 유어' 넘버'.

절임   pickled
피클드

젊다   young
영

점수   score
스코어'

점심 식사   lunch
을런취

점심시간   lunch time
을런취 타임

접시   dish
디쉬

접촉   contact
컨택트

젓가락   chopsticks
촤압스틱스

정거장(역) station
스테이션

몇 정거장이나 떨어져 있나요?
How many stops from here?
하우 메니 스탑스 프^r럼 히어^r?

정말?

Really?
뤼얼리?

정보 information
인포^f·^r메이션

정장 suit
쑤우트

정차금지 no stopping
노우 스타핑

정책 policy
파알러쓰이

제 수하물이 없어졌어요.
My baggage is missing.
마이 배기쥐 이즈 미쓰잉.

제 자리가 어디인가요?
Where is my seat?
웨어^r 이즈 마이 쓰이트?

제 잘못이에요.
My mistake.
마이 미스테이크.

제가 주문한 게 아니에요.
I didn't order this.
아이 디든트 오어^r더^r 디th스.

**제가 탈 수 있는
가장 빠른 비행은 언제인가요?**

What's the earliest flight
I can get on?
와츠 디th 어얼^r리어스트 플라이트
아이 캔 게트 언?

제대로 골랐네.

Good choice.
구드 쵸이스.

제의 offer
어어퍼^f·^r

젠장!

Damn it!
대앰 이트!

조각품 sculpture
스컬프쳐^r

조금 작아요.
It's a bit too small.
이츠 어 비트 투우 스머얼.

조림 boiled
보일드

조미료 seasoning
쓰이즈닝

조언 advice
어드바^v이스

조용하다

quiet
콰이어트

조용히 해!

Be quiet!
비이 콰이어트!

좀 깎아 주세요.

Give me a discount.
기브ᵛ 미이 어 디스카운트.

좁다

narrow
내뤄우

종업원

waiter|waitress
웨이터ㅣ웨이트뤠스

종이

paper
페이퍼

종점

last stop
을래스트 스타프

좋다|멋지다

good|nice
구드|나이스

좋아요.|좋아.

That is good.|Good.
대ᵗʰ트 이즈 구드.|구드.

좋았어요.

It was good.
이트 워어즈 구드.

좋지 않아.

Not good.
나아트 구드.

**좋은 식당을
추천해 주실 수 있나요?**

Can you recommend a
good restaurant?
캔 유우 뤠커멘드 어
구드 뤠스트롸인트?

좋은 하루 보내시길.

Have a good day.
해브ᵛ 어 구드 데이.

좌석

seat
쓰이트

제 자리가 어디인가요?

Where is my seat?
웨어 이즈 마이 쓰이트?

자리를 바꿀 수 있을까요?

Can I change my seat?
캔 아이 췌인쥐 마이 쓰이트?

여기 앉아도 될까요?

Is this seat taken?
이즈 디ᵗʰ스 쓰이트 테이큰?

앉으셔도 됩니다.

Have a seat, please.
해브ᵛ 어 쓰이트, 플리이즈.

빈 자리가 아니에요.

This seat is taken.
디ᵗʰ스 쓰이트 이즈 테이큰.

죄송합니다.

Sorry.
쏘어뤼.

| 주말 | weekend |
| | 위이켄드 |

| 주문 | order |
| | 오어'더ʳ |

주문할게요.
Order, please.
오어'더ʳ, 플리즈.

주문 받을까요?
May I take your order?
메이 아이 테이크 유어ʳ 오어'더ʳ?

2번 세트 주세요.
Meal number 2, please.
미일 넘버ʳ 투우, 플리즈.

제가 주문한 게 아니에요.
I didn't order this.
아이 디든트 오어'더ʳ 디ᵗʰㅅ.

| 주사 | injection |
| | 인젝션 |

| 주소 | address |
| | 어드뤠스 |

| 주스 | juice |
| | 쥬우스 |

| 주유소 | gas station |
| | 개스 스테이션 |

| 주차 | parking |
| | 파아'킹 |

주차 요금이 얼마인가요?
How much do I
have to pay for parking?
하우 머취 두우 아이
해ᵛ 투 페이 포'어ʳ 파아'킹?

| 주차금지 | no parking |
| | 노우 파아'킹 |

| 주차금지구역 | red zone |
| | 뤠드 즈오운 |

주차금지구역에 주차하셨네요.
You parked in a red zone.
유우 파아'크드 인 어 뤠드 즈오운.

| 주차장 | parking lot |
| | 파아'킹 올라트 |

| 주황색 | orange |
| | 어륀쥐 |

| 죽음 | death |
| | 데뜨ᵗʰ |

| 중간 정도 익힌 | medium |
| | 미이디엄 |

| 중간 휴식 | intermission |
| | 인터ʳ미션 |

| 중량 제한 | weight limit |
| | 웨이트 올리미트 |

| 중요성 | importance |
| | 임포어'튼스 |

| 중요하다 | important |
| | 임포어'튼트 |

즐거움　　　　　　　　　　fun
펀

　　　　　즐겁게 지내길!
　　　　　Have fun!
　　　　　해브ᵛ 펀!

　　　　즐겁게 머물렀습니다.
　　　　I enjoyed my stay.
　　　　아이 인조이드 마이 스테이.

지갑　　　　　　　　　　wallet
워얼리트

　　　지갑을 도둑맞았습니다.
　　　I had my wallet stolen.
　　아이 해드 마이 워얼리트 스토울른.

지금.

　　　　　　　　　　　　Now.
나우.

지도　　　　　　　　　　map
매프

지도자　　　　　　　leader
을리이더ʳ

지루해요.

　　　　　　　　It's boring.
이츠 보어링.

지름길　　　　　　shortcut
쇼오ʳ트커트

지붕　　　　　　　　roof
루우프ᵖ

지사제|설사약　　antidiarrheal
앤티다이어뤼얼

지연　　　　　　　　delay
디일레이

지우개　　　　　　eraser
이뤠이저ʳ

지쳤다　　　　　　tired
타이어ʳ드

　　　　　　피곤해요.

　　　　　　I am tired.
　　　　아이 앰 타이어ʳ드.

지하　　　　　　basement
베이스먼트

지하철　　　　　　subway
써브웨이

지하철 노선도 하나 주시겠어요?
Can I have a subway map?
캔 아이 해브ᵛ 어 써브웨이 매프?

　　　　지하철역을 찾고 있어요.

　　　　I am looking for
　　　　a subway station.
　　　아이 앰 을루킹 포ʳ어ʳ
　　어ʳ 써브웨이 스테이션.

직업　　　　　　　　　job
좌압

직접.|곧장.

　　　　　　　　Directly.
디뤡틀리.

진실 truth
트루우뜨ʰ

진실인 것이 없어요.

Nothing is true.
나띵ʰ 이즈 트루우.

진입금지 no entry
노우 엔트뤼

진정해.

Easy. Easy.
이이즈이. 이이즈이.

진짜의 real
뤼얼

정말?

Really?
뤼얼리?

진통제 painkiller
페인킬러

질문이 있어요.

I have a question.
아이 해브ᵛ 어 퀘스천.

질병 disease
디즈이즈

저는 고혈압이에요.

I have high blood pressure.
아이 해브ᵛ 하이 블러드 프뤠셔ʳ.

저는 당뇨가 있어요.

I have diabetes.
아이 해브ᵛ 다이어비이티이즈.

짐칸 trunk
트륑크

트렁크를 열어 주세요.

Open the trunk, please.
오우픈 더ᵗʰ 트륑크, 플리즈.

집(정신적) home
호움

집(물리적) house
하우스

짜다 salty
써얼티

너무 짜요.

It's too salty.
이츠 투우 써얼티.

짝 mate
메이트

짧다 short
쇼오ʳ트

쪽 page
페이쥐

찜 steamed
스티임드

차
tea
티이

차가운 거요.
With ice, please.
위드th 아이스, 플리이즈.

차를 한 대 빌리고 싶어요.
I would like to rent a car.
아이 우드 올라이크 투 렌트 어 카아.

차멀미하는
carsick
카아쓰이크

차이
difference
디프뤈스

참치
tuna
튜우나

창가 석
window seat
윈도우 쓰이트

창고형 상점
warehouse store
웨어'하우스 스토어'

창문
window
윈도우

책
book
부크

책상
desk
데스크

천만에요.

You are welcome.
유우 아' 웰컴.

천장
ceiling
쓰일링

천천히 말해 주실 수 있나요?

Can you speak slowly?
캔 유우 스피이크 슬로우울리?

청구서
bill
비일

청바지
jeans
쥐인즈

체리
cherry
췌어뤼

체중
weight
웨이트

체크 아웃
check-out
췌카우트

체크아웃하고 싶습니다.
Check out, please.
췌크 아웃, 플리이즈.

체크아웃은 언제인가요?
When is the check-out?
웬 이즈 더th 췌카우트?

체크아웃 즐겁게 머물렀습니다.
I enjoyed my stay.
아이 인조이드 마이 스테이.

체크 인　　　　check-in
쉐킨

체크인하고 싶습니다.
Check in, please.
쉐크 인, 플리즈.

언제 체크인할 수 있나요?
What time can I check-in?
왓 타임 캔 아이 쉐킨?

체한 것 같아요.
I have indigestion.
아이 해브ᵛ 인디줴스츄언.

초　　　　second
쎄컨드

초대　　　　invitation
인비ᵛ테이션

오늘 밤에 시간 있어요?
Are you free tonight?
아 유우 프뤼이 투나이트?

와 줄 수 있어요?
Can you come?
캔 유우 컴?

초록색　　　　green
그뤼인

초코 프라페　chocolate frappe
쉬어컬리트 프라아프

초콜릿　　　　chocolate
쉬어컬리트

최고다　　　　best
베스트

최고야.
The best.
더ᵗʰ 베스트.

최근의　　　　recent
뤼쎈트

최대　　　　maximum
맥쓰이멈

최대한 빨리.

As soon as possible.
애즈 쑤운 애즈 파써블.

최소　　　　minimum
미너멈

최악이야.
The worst.
더ᵗʰ 워어ᴿ스트.

추월금지　　no overtaking
노우 오우버ᵛᴿ테이킹

추천해 주실 만하신 게 있나요?

What would you recommend?
와트 우드 유우 뤠커멘드?

축구	soccer 싸커
축제	festival 페스티벌

축제가 있습니까?
Is there a festival?
이즈 데어 어 페스티벌?

축하합니다!

Congratulations!
컹그뤠츌레이션즈!

출구	exit 엑즈이트
출발	departure 디파아쳐
춤	dance 댄스
춥다	cold 코울드

너무 추워요.
It's too cold.
이츠 투우 코울드.

충돌	crash 크뤠쉬
충분하다	enough 이너프

그거면 충분해요.
That is enough.
대트 이즈 이너프.

취미	hobby 하아비
취소	cancel 캔쓸
취소 부과금	cancellation charge 캔쓸레이션 촤아쥐
층수	floor 플로어

1층.
1st floor.
퍼스트 플로어.

2층에 있어요.
It's on the second floor.
이츠 어언 더 쎄컨드 플로어.

치료	treatment 트뤼트먼트
치마	skirt 스커어트
치아	tooth 투우뜨th
치약	toothpaste 투우뜨th페이스트
치즈	cheese 취이즈

226

치즈~!(사진 찍을 때)

Say cheese!
쎄이 취이즈!

치통

toothache
투우떼th이크

친구

friend
프뤤드

친구가 되자.
Let's be friends.
을레츠 비이 프뤤즈.

친구들을 방문하러 왔습니다.

I am here to visit my friends.
아이 앰 히어 투 비^v지트 마이 프뤤즈.

친절하다

kind
카인드

당신 정말 친절하시군요!
You are so kind!
유우 아^r 쏘우 카인드!

칠리소스

chili sauce
취일리 쏘오스

침대

bed
베드

**침대를 추가로
이용할 수 있어요?**

Can I have an extra bed?
캔 아이 해브^v 언 엑스트뤄 베드?

침대 커버

bed cover
베드 커버^{v,r}

침대 커버를 갈아주세요.
Please change the bed cover.
플리이즈 췌인쥐 더th 베드 커버^{v,r}.

침실

bedroom
베드루움

칫솔

toothbrush
투우뜨th브뤄쉬

칭찬

praise
프뤠이즈

카드 card
카아드

카디건 cardigan
카아디건

카테고리 category
캐터고오뤼

카페 café
캐페'이

카페 라테 cafe latte
캐페'이 울라아테이

카페라테 주세요.
Cafe latte, please.
캐페'이 울라아테이, 플리이즈.

카페 모카 cafe mocha
캐페'이 모우커

카페 서비스 café service
캐페'이 써어'비'스

카페인이 없는 decaf
디카프'

카페인이 조금 들어간 half-caf
해프'−카프'

카펫 carpet
카아'페트

카푸치노 cappuccino
캐푸취이노우

칵테일 cocktail
칵테일

칼 knife
나이프'

캐리어 carrier
캐뤼어'

캐리어여행 가방 suitcase
쑤우트케이스

캔맥주 canned beer
캐엔드 비어'

커튼 curtain
커어'튼

커플 couple
커플

커피 coffee
커어퓌'이

커피 그리고 빵.
Coffee and bread.
커어퓌'이 앤드 브레드.

커피 아니면 차?
Coffee or tea?
커어퓌'이 오어' 티이?

커피 좀 마시고 싶어요.
I would like to have
some coffee.
아이 우드 울라이크 투 해브'
썸 커어퓌'이.

컴퓨터	computer 컴퓨우터ʳ
컵	cup 커프
컵 홀더	sleeve 슬리이브ᵛ
케이크	cake 케이크
케첩	ketchup 케쳐프
코	nose 노우즈
코코넛	coconut 코우커너트
코트	coat 커우트

당신의 코트를 벗어 주시겠어요?

Could you take off your coat, please?
쿠드 유우 테이크 어프ᶠ 유어ʳ 커우트, 플리이즈?

콜라	cola 코울러
콧물	runny nose 뤄니 노우즈
콩	bean 비인

크기	size 싸이즈
크다	big 비그

너무 커요.

It's too big.
이츠 투우 비그.

큰	large 을라ʳ쥐

큰일 났다.

I am in trouble.
아이 앰 인 트뤄블.

클럽	club 클럽
키가 작다	short 쇼오ʳ트
키가 크다	tall 터얼
키위	kiwi 키위
킹 침대	king bed 킹 베드

타르타르 소스   tartar sauce
타아'터어' 쏘오스

탁자   table
테이블

탄산수   sparkling water
스파'아클링 워어터'

탈의실이 어디에 있나요?   Fitting room?
피팅 루움?

탈지유   nonfat milk
넌패'트 미일크

탑승 수속대   check-in counter
췌킨 카운터'

탑승권   boarding pass
보오'딩 패스

왕복 표 두 장 주세요.
2 round tickets, please.
투우 라운드 티키츠, 플리즈.

편도 표 두 장 주세요.
2 one-way tickets, please.
투우 원 웨이 티키츠, 플리즈.

**오후 3시 인천행 비행기 운항에
아직 자리 남았습니까?**
Is the flight to Incheon at
3pm still available?
이즈 더th 플라이트 투 인천 애트
뜨th뤼이피엠 스틸 어베이'일러블?

돌아가는 티켓을 예약했습니까?

Have you confirmed
your return ticket?
해브v 유우 컨퍼'엄'드
유어' 뤼터언' 티키트?

태양   sun
썬

택시   taxi
택쓰이

택시를 좀 불러 주세요.
Call a taxi, please.
커얼 어 택쓰이, 플리즈.

미터기 켜 주세요.
Meter, please.
미이터', 플리즈.

여기서 세워 주세요.
Stop here, please.
스타프 히어', 플리즈.

택시에 놓고 내렸습니다.
I left it in the taxi.
아이 을레프'트 이트 인 더th 택쓰이.

택시 승차장   taxi stand
택쓰이 스탠드

텅 빈   empty
엠프티

테니스　tennis
테니스

테킬라　tequila
테키일러

텔레비전　television
텔레비전

토마토　tomato
터메이토우

토사물 봉지　sick bag
쓰이크 배액

토스트　toast
토우스트

토요일　Saturday
쌔터'데이

톨 사이즈　tall size
터얼 싸이즈

**톨 사이즈 아이스 아메리카노
하나 주세요.**
Can I have a tall iced
americano, please?
캔 아이 해브 어 터얼 아이스드
어메뤼카노우, 플리이즈?

튀김　deep-fried
디이프-프'라이드

트렁크를 열어 주세요.
Open the trunk, please.
오우픈 더th 트뤙크, 플리이즈.

트리플 룸　triple room
트뤼플 루움

트윈 룸　twin room
트윈 루움

트윈 침대　twin bed
트윈 베드

틀렸다　wrong
뤄엉

틀렸나요?
Am I wrong?
앰 아이 뤄엉?

네가 틀렸어.
You are wrong.
유우 아 뤄엉.

틈　gap
개프

티셔츠　T-shirt
티이쉬어't

팀　team
티임

팁　tip
티프

팁을 줘야 하나요?
Do I have to tip?
두우 아이 해브 투 티프?

파란색 blue
블루우

파스타 pasta
파아스타

파인애플 pineapple
파이내플

파일 file
파일

파카 parka
파아ㄹ크어

파트너 partner
파아ㄹ트너ㄹ

파티 party
파아ㄹ티

파파야 papaya
파파야

팔 arm
아암

팔을 벌려 주세요.
Please spread out your arms.
플리이즈 스프레드 아우트 유어ㄹ 아암즈.

팔찌 bracelet
브뤠이슬러트

패밀리 룸 family room
패ㄹ멀리 루움

패션 fashion
패ㄹ쉬언

패스트푸드 fast food
패ㄹ스트 푸ㄹ우드

2번 세트 주세요.
Meal number 2, please.
미일 넘버ㄹ 투우, 플리이즈.

펜 pen
펜

편도여행 oneway-trip
원웨이-트뤼ㅍ

편도 표 두 장 주세요.
2 one-way tickets, please.
투우 원 웨이 티키츠, 플리이즈.

편의점 convenience store
컨비ㄹ이니언스 스토어ㄹ

편지 letter
을레터ㄹ

편하다 comfortable
컴ㅍ터블

포도 grape
그레이ㅍ

포장 takeout
테이크아우트

여기서 드십니까, 포장하십니까?
For here or to go?
포ㄹ어ㄹ 히어ㄹ 오어ㄹ 투 고우?

여기서 먹겠습니다.
For here, please.
포ʳ어ʳ 히어ʳ, 플리이즈.

포장하지 않아도 됩니다.
You don't have to wrap it.
유우 더운트 해브ᵛ 투 뤠프 이트.

포장 부탁합니다.
Take out, please.
테이크 아우트, 플리이즈.

포장입니다.
To go, please.
투 고우, 플리이즈.

담아갈 봉지 하나 주시겠어요?
Can I have a doggy bag?
캔 아이 해브ᵛ 어 더기 배액?

포크　　　　fork
포ʳ어ʳ크

표　　　　ticket
티키트

표를 어디에서 사나요?
Where is the ticket booth?
웨어ʳ 이즈 더th 티키트 부우뜨th?

어디에서 표를 살 수 있나요?
Where can I buy tickets?
웨어ʳ 캔 아이 바이 티키츠?

입장료가 얼마인가요?
How much is the admission fee?
하우 머치 이즈 더th 어드미션 피이?

표본　　　　sample
쌤플

표시　　　　mark
마아크

푸딩　　　　pudding
푸딩

품목　　　　item
아이템

품평　　　　comment
카아멘트

프런트데스크　　front desk
프ʳ뤈트 데스크

피　　　　blood
블러드

피곤해요.

I am tired.
아이 앰 타이어ʳ드.

피자　　　　pizza
핏츠아

피해　　　　harm
하암ʳ

필름　　　　film
피ʳ음

필요 없다　　unnecessary
언네써쎄어뤼

필요하다　　necessary
네써쎄어뤼

하늘　sky
스카이

하루　day
데이

하루에 얼마씩인가요?
How much is it for 1 day?
하우 머취 이즈 이트 포'어' 원 데이?

하룻밤 더 묵고 싶습니다.

I would like to
stay one more night.
아이 우드 을라이크 투
스테이 원 모어' 나이트.

하루 승차권　one day pass
원 데이 패스

하우스 와인　house wine
하우스 와인

학생　student
스튜우던트

저는 학생입니다.
I am a student.
아이 앰 어 스튜우던트.

학생 할인되나요?

Do you have a
student discount?
두우 유우 해브' 어
스튜우던트 디스카운트?

한 번.

Once.
원스.

한 번 더.

One more time.
원 모어' 타임.

한 사람이 계산합니다.

One bill.
원 비일.

한 시간마다.

Every hour.
에브'뤼 아우워'.

한가하다　free
프'뤼이

한가해요.
I am free.
아이 앰 프'뤼이.

한국 대사관에 연락해 주세요.

Please contact the
Korean embassy.
플리이즈 컨택트 더th
커뤼이언 엠버쓰이.

한국어 메뉴판 있어요?

Do you have a Korean menu?
두우 유우 해브' 어 커뤼이언 메뉴우?

한국에서 왔어요.

I am from Korea.
아이 앰 프'뤔 커뤼이아.

234

한식당　Korean restaurant
커뤼이언 뤠스트라안트

근처에 한국 음식점이 있나요?

Is there a
Korean restaurant nearby?
이즈 데th어ʳ 어
커뤼이언 뤠스트라안트 니어ʳ바이?

할머니　grandmother
그뤤마더th,ʳ

할아버지　grandfather
그뤤파ʳ아더th,ʳ

할인　discount
디스카운트

이거 할인되나요?
Is it on sale?
이즈 이트 어언 쎄일?

학생 할인되나요?
Do you have a
student discount?
두우 유우 해브ˇ 어
스튜우던트 디스카운트?

할인권　voucher
바ˇ우쳐ʳ

할증 요금　extra charge
엑스트뤄 촤아ʳ쥐

함께.

Together.
투게더th,ʳ.

합계　total
토우틀

핫도그　hot dog
하트 도어그

핫초코　hot chocolate
하트 춰어컬리트

항상.

Always.
얼웨이즈.

해　year
이이어ʳ

해결책　solution
썰루우션

해변　beach
비이취

해산물　seafood
쓰이푸ʳ우드

핸드폰을 잃어버렸어요.

I lost my cellphone.
아이 을러스트 마이 쎌포ʳ운.

햄버거　hamburger
햄버어ʳ거ʳ

행동　behavior
비헤이비ˇ어ʳ

행복하다　happy|glad
해피글래드

행운

luck
을러크

운이 좋다.
Lucky.
을럭키.

행운을 빌어요!
Good luck to you!
구드 을러크 투 유우!

향기

scent
쎈트

향수

perfume
퍼'퓨'움

허리

waist
웨이스트

헤드폰

headset
헤드세트

헤어드라이어

hair dryer
헤어' 드롸이어'

현금

cash
캐쉬

현금을 얼마나 갖고 있습니까?

How much cash
are you carrying?
하우 머춰 캐쉬
아' 유우 캐뤼이잉?

2000불 있습니다.

I have USD 2,000 with me.
아이 해브' 투우따'우 전드
유우에스달러' 위드th 미이.

현금 자동 인출기

ATM
에이티엠

**현대 미술관에 가려면
어떻게 해야 하나요?**

How can I get to the
Museum of modern art?
하우 캔 아이 게트 투 더th
뮤즈이엄 어브' 머어던' 아'트?

현재

present
프뤼젠트

지금.
Now.
나우.

현지 음식

local food
을로우컬 푸'우드

호수

lake
을레이크

호의

favor
페'이버'.'

호텔

hotel
호우텔

근처에 호텔이 있나요?
Is there a hotel around here?
이즈 데th어' 어 호우텔 어롸운드 히어'?

Abc 호텔에 머물 예정입니다.
I will be staying in
Abc Hotel.
아이 윌 비이 스테이잉 인
에이비씨 호우텔.

**혹시 경유해서 인천으로
갈 수 있는 항공편이 있습니까?**

Is there any flight to Incheon
via other countries?
이즈 데th어 애니 플라이트 투 인천
바^v이어 아더th.^r 컨트리스?

혼자 여행합니다.

I am traveling alone.
아이 앰 트뤠블^v링 얼로운.

혼자.

Alone.
얼로운.

혼자예요?

Are you alone?
아^r 유우 얼로운?

**혼자입니까 아니면
일행이 있습니까?**

Are you alone
or with someone?
아^r 유우 얼로운
오어 위드th 썸원?

화가 납니다.

I am angry.
아이 앰 앵그뤼.

화났다

angry
앵그뤼

화산

volcano
벌^v케이노우

화요일

Tuesday
튜우즈데이

화이트 와인

white wine
와이트 와인

화장실

toilet
토일레트

화장실이 어디예요?

Where is the toilet?
웨어 이즈 더th 토일레트?

화장지

tissue paper
티슈 페이퍼^r

화장품

cosmetic
커스메티크

확실하다

sure
슈어^r

확실하진 않아요.

I am not sure.
아이 앰 나아트 슈어^r.

환경

environment
인바^v이뤈먼트

환불

refund
뤼펀드

환불하고 싶어요.

I want a refund.
아이 원트 어 뤼펀^d.

환승   transfer
트뤤스퍼어

환승을 해야 하나요?
Do I need to transfer?
두우 아이 니이드 투 트뤤스퍼어?

환승 비행기를 놓쳤어요.
I missed my connecting flight.
아이 미스드 마이 커넥트이잉 플라이트.

환승 데스크   transfer desk
트뤤스퍼어 데스크

환승편   connecting flight
커넥트이잉 플라이트

환영합니다.
Welcome.
웰컴.

환율   exchange rate
익스췌인쥐 뤠이트

환전.
Money exchange.
머니 익스췌인쥐.

환전소   exchange booth
익스췌인쥐 부우뜨th

활동   activity
액티비v티

회사   company
컴퍼니

회색   grey
그뤠이

회의   meeting
미이팅

횡단보도   crosswalk
크뤄스워크

효과적이다   effective
이펙티브v

후드티   hoody
후디

후추   pepper
페퍼r

훈련   training
트뤠이닝

훌륭하다   excellent
엑썰런트

휘핑 크림   whipping cream
위핑 크뤼임

휴가   vacation
베v이케이션

휴가로 왔습니다.
I am here on vacation.
아이 앰 히어r 언 베v이케이션.

휴대용 컴퓨터　　　laptop
올랩타프

휴대폰　　　mobile phone
모우블 포ˇ운

핸드폰을 잃어버렸어요.
I lost my cellphone.
아이 을러스트 마이 쎌포ˇ운.

휴대전화 좀 빌려줄 수 있어요?
Could I borrow your cellphone?
쿠드 아이 바아뤄우 유어ˇ 쎌포ˇ운?

휴식시간　　　break time
브뤠이크 타임

휴일　　　holiday
헐러데이

흑맥주　　　dark beer
다아ˇ크 비어ˇ

흡연　　　smoking
스모우킹

흡연석으로 주세요.
Smoking area, please.
스모우킹 에어뤼어, 플리이즈.

흡연해도 되나요?
Can I smoke here?
캔 아이 스모우크 히어ˇ?

재떨이 좀 주세요.
Please give me an ashtray.
플리이즈 기브ˇ 미이 언 애쉬트레이.

희망　　　hope
호우프

흰색　　　white
와이트

히터　　　heater
히이터ˇ

힘　　　power
파우어ˇ

힘들어요.

It's hard.
이츠 하아ˇ드.

3

다국어
사전

국가별로 찾는 여행 사전

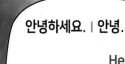

안녕하세요. ┃ 안녕.

Hello. ┃ Hi.
헬로우. ┃ 하이.

일본어

콘니치와.
こんにちは。
안녕하세요.

프랑스어

봉주흐!
↱ 기도를 좁혀
살짝 떨리는 ㅎ 소리가 납니다.
Bonjour!
좋은 날!

베트남어

씬 짜오.
Xin chào.
안녕.

스페인어

올라.
Hola.
안녕.

태국어

*여자는 ครับ(크랍) 대신 ค่ะ(카)를 사용

사왓 디 ┃ *크랍.
สวัสดี ┃ ครับ.
안녕 ┃ 요.

이탈리아어

챠오. / 살베.
Ciao. / Salve.
안녕하다. / 안녕.

중국어

니 ┃ 하오.
nǐ ┃ hǎo.
你 ┃ 好.
너 ┃ 좋다.

독일어

할로.
Hallo.
안녕.

일본어	**오하요오 고자이마스.** おはようございます。 안녕하세요 아침 .
프랑스어	**봉주흐!** Bonjour! 좋은 날!

베트남어	**짜오 ǀ 부오이 쌍.** Chào ǀ buổi sáng. 안녕하세요 ǀ 아침.
스페인어	**부에노쓰 ǀ 디아쓰.** Buenos ǀ días. 좋은 ǀ 날들.

태국어	**사왓 디(떤차우) ǀ *크랍.** สวัสดี(ตอนเช้า) ǀ ครับ. 안녕(아침에) ǀ 요.
이탈리아어	**뷘 ǀ 죠르노.** Buon ǀ giorno. 좋은 ǀ 아침.

중국어	**자오 샹 ǀ 하오.** zǎo shang ǀ hǎo. 早上 ǀ 好. 아침 ǀ 좋다.
독일어	**구텐 ǀ 모어겐.** Guten ǀ Morgen. 좋은 ǀ 아침.

안녕하세요 오후.

Good afternoon.
구드 애프^f터^r누운.

일본어

콘니치와.
こんにちは。
안녕하세요 오후.

프랑스어

봉주흐!
Bonjour!
좋은 날!

베트남어

짜오 | 부오이 쯔어.
Chào | buổi trưa.
안녕하세요 | 점심.

스페인어

부에나쓰 | 따르데쓰.
Buenas | tardes.
좋은 | 오후들.

태국어

사왓 디(떤 바이) | *크랍.
สวัสดี(ตอนบ่าย) | ครับ.
안녕(오후에) | 요.

이탈리아어

뷘 | 뽀메리쬬.
Buon | pomeriggio.
좋은 | 오후.

중국어

씨아 우 | 하오.
xià wǔ | hǎo.
下午 | 好.
오후 | 좋다.

독일어

구텐 | 탁.
Guten | Tag.
좋은 | 날 오후.

안녕하세요 저녁 .

Good evening.
구드 이이브ᵛ닝.

 일본어
콤방와.
こんばんは。
안녕하세요 저녁 .

 프랑스어
봉쑤아흐̃!
Bonsoir!
좋은 저녁!

 베트남어
짜오 | 부오이 또이.
Chào | buổi tối.
안녕하세요 | 저녁.

 스페인어
부에나쓰 | 노체쓰.
Buenas | noches.
좋은 | 밤들.

 태국어
사왓 디(떤 얜) | *크랍.
สวัสดี(ตอนเย็น) | ครับ.
안녕(저녁에) | 요.

 이탈리아어
붜나 | 세라.
Buona | sera.
좋은 | 저녁.

 중국어
완 샹ʳ | 하오.
wǎn shang | hǎo.
晚上 | 好.
저녁 | 좋다.

 독일어
구텐 | 아벤트.
Guten | Abend.
좋은 | 저녁.

잘 가!

Bye!
바이!

일본어

쟈아, 네!
じゃあ、ね!
그럼!

프랑스어

오 l 흐부ᵛ아흐!
Au l revoir!
~까지 l 다시 만나다!

베트남어

땀 비엣!
Tạm biệt!
잘 가요!

스페인어

¡아디오쓰!
¡Adiós!
안녕!

태국어

을라 껀!
ลาก่อน!
먼저 실례합니다!

이탈리아어

챠오! / 아디오!
Ciao! / Addio!
안녕! / 잘 가!

중국어

만 l 저우! / 짜이 l 찌엔!
màn l zǒu! / zài l jiàn!
慢 l 走! / 再 l 见!
천천히 l 가다! / 또 l 보다!

독일어

혀는 '이'라고 말한 채
입술로는 '우'라고 말합니다.

취 씨!
Tschüss!
안녕!

일본어	오야스미. おやすみ。 잘 자.	프랑스어	본 ｜ 뉘. Bonne ｜ nuit. 좋은 ｜ 밤.
베트남어	쭉 ｜ 응우 ｜ 응온. Chúc ｜ ngủ ｜ ngon. 원하다 ｜ 자다 ｜ 잘.	스페인어	부에나쓰 ｜ 노체쓰. Buenas ｜ noches. 좋은 ｜ 밤들.
태국어	판 ｜ 디. ฝัน ｜ ดี. 꿈 ｜ 좋다.	이탈리아어	붜나 ｜ 너떼. Buona ｜ notte. 좋은 ｜ 밤.
중국어	완 안. wǎn ān. 晩安. 잘 자.	독일어	구테 ｜ 나ㅎ트. Gute ｜ Nacht. 좋은 ｜ 밤.

→ 혀 뒤와 목젖이
떨리는 소리가 납니다.

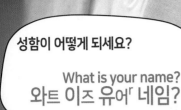

성함이 어떻게 되세요?

What is your name?
와트 이즈 유어ʳ 네임?

 일본어

오나마에와 | 난데스카?
お名前は | 何ですか?
성함은 | 무엇입니까?

 프랑스어

꼬멍 | 부ᵛ | (ㅈ)아쁠레 | 부ᵛ?
Comment | vous | appelez- | vous
어떻게 | 당신(들) | 부르다 | 당신(들)?

 베트남어

반 | 뗀 | 라 | 지?
bạn | tên | là | gì?
너의 | 이름 | 이다 | 무엇?

 스페인어

¿꼬모 | 떼 | 야마쓰?
¿Cómo | te | llamas?
어떻게 | 너 스스로를 | 부르다?

 태국어

쿤 | 츠으 | 아 라이 | 크랍?
คุณ | ชื่อ | อะไร | ครับ?
당신 | 이름 | 무엇 | 요?

 이탈리아어

코메 | 띠 | 꺄미?
Come | ti | chiami?
어떻게 | 너를 | 부르다?

 중국어

칭 | 원 | 닌 | 꿔이 씽?
qǐng | wèn | nín | guì xìng?
请 | 问 | 您 | 贵姓?
부탁하다 존칭 | 묻다 | 당신 | 성씨?

 독일어

비ᵛ | 하이쎈 | 지?
Wie | heißen | Sie?
어떻게 | 불리다 | 당신은?

저는 미나입니다.

I am 미나.
아이 앰 미나.

일본어

와타시와 | 미나데스.
私は | 미나です。
나는 | 미나입니다.

프랑스어

쥬 | 쒸이 | 미나.
Je | suis | 미나.
나 | ~이다 | 미나.

베트남어

또이 | 라 | 미나.
Tôi | là | 미나.
나 | 이다 | 미나.

스페인어

쏘이 | 미나.
Soy | 미나.
~이다 | 미나.

태국어

폼 | 츠으 | 미나 | 크랍.
ผม | ชื่อ | 미나 | ครับ.
나 | 이름 | 미나 | 요.

이탈리아어

이오 | 쏘노 | 미나.
Io | sono | 미나.
나 | ~이다 | 미나.

중국어

워 | 쨔오 | 미나.
wǒ | jiào | 미나.
我 | 叫 | 미나.
나 | 부르다 | 미나.

독일어

이히 | 빈 | 미나.
Ich | bin | 미나.
나 | ~이다 | 미나.

실례합니다.

Excuse me.
익스큐우즈 미이.

일본어

시츠레에시마스.
失礼します。
실례합니다.

프랑스어

엑쓰뀌제 I 무아.
Excusez- I moi.
용서해라 I 나.

베트남어

씬 로이.
Xin lỗi.
미안하다.

스페인어

¡ 디쓰꿀뻬!
¡ Disculpe!
실례합니다!

태국어

커 토옷 I 크랍.
ขอโทษ I ครับ.
미안하다 I 요.

이탈리아어

미 I 스쿠시!
Mi I scusi!
나를 I 용서하다!

중국어

다 라오 I 이 씨아.
dǎ rǎo I yí xià.
打扰 I 一下.
방해하다 I 좀 ~하다.

독일어

엔트츌디겐 I 지!
Entschuldigen I Sie!
실례합니다 I 당신은!

미안해요.

I am sorry.
아이 앰 써어뤼.

 일본어
스미마셍.
すみません。
미안합니다.

 프랑스어
쥬 | 쒸이 | 데졸레.
Je | suis | désolé.
나 | ~이다 | 미안한.

 베트남어
씬 로이.
Xin lỗi.
미안하다.

 스페인어
을로 | 씨엔또.
Lo | siento.
그것 | 느끼다.

 태국어
폼 | 커 토옷 | 크랍.
ผม | ขอโทษ | ครับ.
나 | 미안하다 | 요.

 이탈리아어
스쿠사미.
Scusami.
용서하다 (나를).

 중국어
뚸이 부 치.
duì bu qǐ.
对不起.
미안합니다.

 독일어
엔트쥴디궁.
Entschuldigung.
실례.

부탁합니다.

Please.
플리이즈.

일본어

오네가이시마스.
お願いします。
부탁합니다.

프랑스어

씰 부ᵛ 쁠레.
S'il vous plaît.
부탁합니다.

베트남어

람 언.
Làm ơn.
~해주세요.

스페인어

뽀르 파ᶠ보르.
Por favor.
부탁합니다.

태국어

커 렁 | 크랍.
ขอร้อง | ครับ.
제발 | 요.

이탈리아어

뻬르 파ᶠ보ᵛ레.
Per favore.
부탁하다.

중국어

빠이 투어.
bài tuō.
拜托.
부탁해.

독일어

빝테.
Bitte.
부탁합니다.

물론이죠.

Sure. I Of course.
슈어ʳ. I 어브ᵛ 코어ʳ스.

일본어

모치론데스.
もちろんです。
물론입니다.

프랑스어

위. / 비앙 I 쒸ᴇ흐.
Oui. / Bien I sûr.
네. / 좋은 I 확신하는.

베트남어

짝 짠 I 조이.
Chắc chắn I rồi.
확신하다 I 이미.

스페인어

뽀르 쑤뿌에쓰또.
Por supuesto.
물론.

태국어

크랍.
ค่รับ.
네.

이탈리아어

씨, I 채르또.
Sì, I certo.
그렇다. I 확실한.

중국어

땅 란 I 을러.
dāng rán I le.
当然 I 了.
물론이다 I 끝냄.

독일어

야. I 나 I 지히여.
Ja. I Na I sicher.
응. I 아니 I 확실한.

고맙습니다.

Thank you.
땡th크 유우.

일본어

아리가토오고고자이마스.
ありがとうございます。
고맙습니다.

프랑스어

메흐씨 ǀ 보꾸.
Merci ǀ beaucoup.
감사합니다 ǀ 매우.

베트남어

깜 언.
Cảm ơn.
감사하다.

스페인어

그라씨아쓰.
Gracias.
고마워.

태국어

컵 쿤 ǀ 크랍.
ขอบคุณ ǀ ครับ.
감사하다 ǀ 요.

이탈리아어

그라체.
Grazie.
감사하다.

중국어

씨에 시에.
xiè xie.
谢谢.
고맙습니다.

독일어

당케 ǀ 쉔.
Danke ǀ schön.
감사하다 ǀ 예쁜.

254

괜찮아요.

No, thanks.
노우, 땡th크스.

일본어
켁코오데스.
結構です。
괜찮습니다.

프랑스어
농, | 메흐씨.
Non, | merci.
아니요. | 감사합니다.

베트남어
콤, | 깜언.
Không, | cám ơn.
[부정], | 감사하다.

스페인어
노, | 그라씨아쓰.
No, | gracias.
아니다. | 감사합니다.

태국어
마이 뺀 라이 | 크랍.
ไม่เป็นไร | ครับ.
괜찮다 | 요.

이탈리아어
너, | 그라체.
No, | grazie.
아니다. | 감사하다.

중국어
부 용.
bú yòng.
不用.
필요 없다.

독일어
나인 | 당케.
Nein | Danke.
아니 | 고맙다.

맞아요.

Yes.
예스.

YES

일본어	하이. はい。 맞아요.		프랑스어	위. Oui. 네.
베트남어	둥 ∣ 조이. Đúng ∣ rồi. 옳다 ∣ 이미.		스페인어	씨. Sí. 네.
태국어	차이 ∣ 크랍. ใช่ ∣ ครับ. 그럼 ∣ 요.		이탈리아어	씨. Sì. 맞다.
중국어	뚜이. duì. 对. 맞다.		독일어	야. Ja. 응.

아니에요.

No.
노우.

일본어

이이에.
いいえ。
아닙니다.

프랑스어

농.
Non.
아니.

베트남어

콤.
Không.
부정 .

스페인어

노.
No.
아니.

태국어

마이 | 크랍.
ไม่ | ครับ.
아니 | 요.

이탈리아어

너.
No.
아니다.

중국어

부 쓰. | 부 뚸이.
bú shì. | bú duì.
不是. | 不对.
아니다. | 아니다.

독일어

나인.
Nein.
아니.

알겠어요.

Okay.
오우케이.

일본어
이이데스.
いいです。
좋습니다.

프랑스어
다꼬흐.
D'accord.
~의 동의.

베트남어
또이 ㅣ 비엣 ㅣ 조이.
Tôi ㅣ biết ㅣ rồi.
나 ㅣ 알다 ㅣ 이미.

스페인어
발레.
Vale.
알겠어.

태국어
크랍.
ครับ.
네.

이탈리아어
배네.
Bene.
좋다.

중국어
하오.
hǎo.
好.
좋다.

독일어
오케이.
Okay.
괜찮은.

258

정말?

Really?
뤼얼리?

일본어

혼 토오?
本当?
정말?

프랑스어

브ˇ헤멍?
Vraiment?
정말?

베트남어

텃 싸오?
Thật sao?
진짜?

스페인어

¿데 | 베르닫?
¿De | verdad?
~의 | 진실?

태국어

찡 | 러어 | 크랍?
จริง | หรอ | ครับ?
사실이다 | 의문 | 요?

이탈리아어

다뻬ˇ로?
Davvero?
정말?

중국어

쩐「 | 더 | 마?
zhēn | de | ma?
真 | 的 | 吗?
진실이다 | 강조 | 의문 ?

독일어

비ˇ어클리히?
Wirklich?
현실의?

우와.
Wow.
와우.

일본어	우와. うわ。 우와.	프랑스어	우아. Ouah. 와.
베트남어	와. oa. 우와.	스페인어	구아우. Guau. 우와.
태국어	와우. ว้าว. 우왕.	이탈리아어	와우. Wow. 우와.
중국어	와. wa. 哇. 와.	독일어	와우. Wow. 와우.

일본어	**우소!** 嘘! 거짓말!
프랑스어	**오 l 몽 l 디외!** Oh l mon l Dieu! 오 l 나의 l 주!
베트남어	**오이 l 쩌이 l 어이!** Ôi l trời l ơi! 오 l 주 l 오!
스페인어	**¡아이 l 디오쓰 l 미오!** ¡Ay l Dios l mío! 오 l 주여 l 나의!
태국어	**오 l 프라 짜우!** โอ้ l พระเจ้า! 오 l 주!
이탈리아어	**오 l 미오 l 디오!** Oh l mio l Dio! 오 l 나의 l 주!
중국어	**티엔 l 아!** tiān l a! 天 l 啊! 하늘 l 감탄 !
독일어	**오 l 마인 l 곳트!** Oh l mein l Gott! 오 l 나의 l 주!

일본어	도오 ǀ 얃테? どう ǀ やって? 어떻게 ǀ 해서?	프랑스어	꼬멍? Comment? 어떻게?
베트남어	뉴으 ǀ 테 나오? Như ǀ thế nào? ~처럼 ǀ 어떻게?	스페인어	¿꼬모? ¿Cómo? 어떻게?
태국어	양 응아이 ? อย่างไร ? 어떻게?	이탈리아어	코메? Come? 어떻게?
중국어	전 머? zěn me? 怎么? 어떻게?	독일어	비ˇ? Wie? 어떻게?

왜?

Why?
와이?

일본어

도오 ‖ 시테?
どう‖して?
어떻게 ‖ 해서?

프랑스어

뿌흐꾸아?
Pourquoi?
왜?

베트남어

따이 싸오?
Tại sao?
왜?

스페인어

¿ 뽀르 께?
¿ Por qué?
왜?

태국어

탐 마이?
ทำไม?
왜?

이탈리아어

뻬르께?
Perché?
왜?

중국어

웨이 션ʳ 머?
wèi shén me?
为什么?
왜?

독일어

바ᵛ룸?
Warum?
왜?

어디?

Where?
웨어ʳ?

 일본어
도코?
どこ?
어디?

 프랑스어
우?
Où?
어디에?

 베트남어
어 더우?
Ở đâu?
어디?

 스페인어
¿돈데?
¿Dónde?
어디?

 태국어
티 나이?
ที่ไหน?
어디?

 이탈리아어
도베ᵛ?
Dove?
어디에?

 중국어
나 을리?
nǎ lǐ?
哪里?
어디?

 독일어
보ᵛ?
Wo?
어디?

264

언제?

When?
웬?

일본어

이츠?
いつ?
언제?

프랑스어

껑?
Quand?
언제?

베트남어

키 나오?
Khi nào?
언제?

스페인어

¿꾸안도?
¿Cuándo?
언제?

태국어

므아 라이?
เมื่อไร?
언제?

이탈리아어

꾸안도?
Quando?
언제?

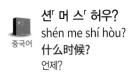
중국어

션ˊ 머 스ˊ 허우?
shén me shí hòu?
什么时候?
언제?

독일어

반ˇ?
Wann?
언제?

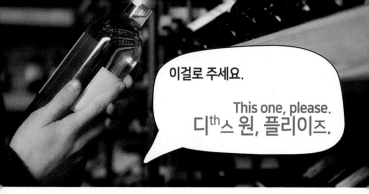

이걸로 주세요.

This one, please.

디th스 원, 플리이즈.

일본어

코레 I 쿠다사이.
これ I ください。
이것 I 주세요.

프랑스어

싸, I 씰 부^v 쁠레.
Ça, I s'il vous plaît.
이것. I 부탁합니다.

베트남어

쩌 I 또이 I 까이 나이.
Cho I tôi I cái này.
주다 I 나 I 이것.

스페인어

에쓰떼, I 뽀르 파^f보르.
Este, I por favor.
이것. I 부탁합니다.

태국어

커어 I 안 니 I 크랍.
ขอ I อันนี้ I ครับ.
원하다 I 이거 I 요.

이탈리아어

꿰스또, I 뻬르 파^f보^v레.
Questo, I per favore.
이것. I 부탁하다.

중국어

칭 I 게이 I 워 I 쩌^r 거.
qǐng I gěi I wǒ I zhè ge.
请 I 给 I 我 I 这个.
부탁하다 존칭 I 주다 I 나 I 이것.

독일어

다스 I 다 I 빝테.
Das I da I bitte.
그것 I 거기 I 부탁합니다.

266

얼마예요?

How much?
하우 머취?

일본어

이쿠라 | 데스카?
いくら | ですか?
얼마 | 입니까?

프랑스어

꽁비앙?
Combien?
얼마나?

베트남어

바오 니에우 | 띠엔?
Bao nhiêu | tiền?
얼마나 | 돈?

스페인어

¿꾸안또 | 꾸에쓰따?
¿Cuánto | cuesta?
얼마나 | 비용이 들다?

태국어

타우 라이 | 크랍?
เท่าไหร่ | ครับ?
얼마 | 요?

이탈리아어

꽌또 | 코스따?
Quanto | costa?
얼마나 | 비용이 들다?

중국어

뚜어 | 치엔?
duō | qián?
多 | 钱?
얼마나 | 돈?

독일어

비ᵛ | 피ᶠ일 | 겔트?
Wie | viel | Geld?
얼마나 | 많은 | 돈?

그게 어디에 있나요?

Where is it?
웨어r 이즈 이트?

일본어

소레와 | 도코니 | 아리마스카?
それは | どこに | ありますか?
그것은 | 어디에 | 있습니까?

프랑스어

쎄 | 우?
C'est | où?
그것은 ~이다 | 어디?

베트남어

너 | 어 더우?
Nó | ở đâu?
그것 | 어디에 ?

스페인어

¿돈데 | 에쓰따?
¿Dónde | está?
어디에 | ~이다?

태국어

만 | 유 | 티 나이 | 크랍?
มัน | อยู่ | ที่ไหน | ครับ?
그것 | 있다 | 어디 | 요?

이탈리아어

도베v | 애?
Dove | è?
어디에 | ~이다?

중국어

칭 | 원 | 나 거 | 짜이 | 나 올리?
qǐng | wèn | nà ge | zài | nǎ lǐ?
请 | 问 | 那个 | 在 | 哪里?
부탁하다 조칭 | 묻다 | 그것 | ~에 있다 | 어디?

독일어

보v | 이스트 | 에스?
Wo | ist | es?
어디 | ~이다 | 그것은?

268

일본어

도노 | 쿠라이 | 토오 이?
どの | くらい | 遠い?
어느 | 정도 | 멀다?

프랑스어

아 | 껠 | 디쓰땅쓰?
À | quelle | distance?
~에 | 어떤 | 거리?

베트남어

바오 싸?
Bao xa?
얼마나 멀리?

스페인어

¿아 | 께 | 디쓰딴씨아?
¿A | qué | distancia?
~에게 | 무엇 | 거리?

태국어

끌라이 | 카낫 나이?
ไกล | ขนาด ไหน?
멀다 | 얼마나?

이탈리아어

꽌또 | 을론따노?
Quanto | lontano?
얼마나 | 먼?

중국어

뚜어 | 위엔?
duō | yuǎn?
多 | 远?
얼마나 | 멀리?

독일어

비ᵛ | 바ᵛ이트?
Wie | weit?
얼마나 | 멀리?

	소금	설탕
영어	써얼트 salt	슈거ㄹ sugar
일본어	시오 塩	사 토오 砂糖
베트남어	무오이 muối	드엉 đường
태국어	끌르아 เกลือ	남 딴 น้ำตาล
중국어	옌 盐	쌰ㄹ 탕 砂糖
프랑스어	쎌 sel	쒸크흐 sucre
스페인어	쌀 sal	아쑤까르 azúcar
이탈리아어	쌀레 sale	주께로 zucchero
독일어	잘ㅉ Salz	쭈커 Zucker

후추	간장	된장
페퍼ʳ pepper	쏘이 쏘오ㅅ soy sauce	쏘이비인 페이스트 soybean paste
코 쇼오 胡椒	쇼오유 醬油	미 소 味噌
띠우 tiêu	씨 쩌우 ǀ 느억 뜨엉 xì dầu 북부 ǀ nước tương 남부	더우 난 đậu nành
프릭 타이 พริกไทย	씨 이우 ซีอิ๊ว	따우 찌야우 เต้าเจี้ยว
후 쨔오 胡椒	찌앙 여우 醬油	떠우 찌앙 豆醬
뿌아브ᵛ흐 poivre	쏘쓰 쏘자 sauce soja	빠뜨 드 쏘쟈 pâte de soja
삐미엔따 pimienta	쌀싸 데 쏘하 salsa de soja	빠쓰따 데 쏘하 pasta de soja
뻬뻬 pepe	살사 디 서야 salsa di soia	빠스따 디 서야 페ʳ멘따따 pasta di soia fermentata
프페ʳ퍼ʳ Pfeffer	소야소쎄 Sojasoße	소야보오낸브라이 Sojabohnenbrei

	케챂	마요네즈
영어	케쳐프 **ketchup**	메이어네이즈 **mayonnaise**
일본어	케챱푸 **ケチャップ**	마요네-즈 **マヨネーズ**
베트남어	쏫 까 쭈어 **sốt cà chua**	마요네즈 **mayonnaise**
태국어	썻 마 크아 탯 **ซอสมะเขือเทศ**	마영 낫 **มายองเนส**
중국어	판 치에 찌앙 **番茄酱**	딴 후앙 찌앙 **蛋黄酱**
프랑스어	께첩 **ketchup**	마요네즈 **mayonnaise**
스페인어	쌀싸 데 또마떼 **salsa de tomate**	마요네싸 **mayonesa**
이탈리아어	케첩 **ketchup**	마요네세 **maionese**
독일어	켓첩 **Ketchup**	마요내이제 **Mayonnaise**

272

타르타르 소스	머스타드 소스	깨소스
타아ʳ터어ʳ 쏘오ㅅ tartar sauce	마스떠어ʳ드 쏘오ㅅ mustard sauce	쎄써미 쏘오ㅅ sesame sauce
타루타루 소-ㅅ タルタル ソース	마스타-도 소-ㅅ マスタード ソース	고마다레 ゴマダレ
쏫 타아ʳ따아ʳ sốt tartar	쏫 무 땃 sốt mù tạt	쏫 븡 sốt vừng
써엇 타타 ซอสทาร์ทา	써엇 마ㅆ 닷 ซอสมัสตาร์ด	남 사랏 응아 น้ำสลัดงา
타 타 찌앙 塔塔酱	찌에 모어 찌앙 芥末酱	마 찌앙 麻酱
쏘쓰 따흐따흥 sauce tartare	무따흐드 moutarde	쏘쓰 쎄잠므 sauce sésame
쌀싸 따르따라 salsa tártara	모쓰따싸 mostaza	쌀싸 데 쎄싸모 salsa de sésamo
살사 따ㄹ따라 salsa tartara	살사 디 세나페 salsa di senape	살사 디 세사모 salsa di sesamo
타타안소쎄 Tatarensoße	센ㅍʳ소쎄 Senfsoße	세삼소쎄 Sesamsoße

	데리야끼 소스	바비큐 소스
영어	테리야키 쏘오ㅅ **teriyaki sauce**	바아ㄹ베큐우 쏘오ㅅ **barbecue sauce**
일본어	테리야키 소-스 テリヤキ ソース	바-베큐- 소-스 バーベキュー ソース
베트남어	쏫 떼리야끼 **sốt Teriyaki**	느억 쏫 팃 꽈이 **nước xốt thịt quay**
태국어	써엇 태리야끼 ซอสเทริยากิ	써엇 바비큐 ซอสบาร์บีคิว
중국어	쨔ㄹ오 쌰ㄹ오 쯔ㄹ 照燒汁	쌰ㄹ오 카오 찌앙 燒烤醬
프랑스어	쏘쓰 데ㅎ이야끼 **sauce teriyaki**	쏘쓰 바ㅎ뵈뀌 **sauce barbecue**
스페인어	쌀싸 떼리야끼 **salsa teriyaki**	쌀싸 데 바르바꼬아 **salsa de barbacoa**
이탈리아어	살사 떼리야끼 **salsa teriyaki**	살사 바ㄹ베큐우 **salsa barbecue**
독일어	테리야키 **Teriyaki**	바베큐소쎄 **Barbecuesoße**

굴소스	칠리소스	고추기름
오이스터ʳ 쏘오ㅅ **oyster sauce**	취일리 쏘오ㅅ **chili sauce**	취일리 오일 **chili oil**
오이스타- 소-ㅅ **オイスター ソース**	치리 소-ㅅ **チリ ソース**	라-유 **ラーユ**
쏫 하우 **sốt hàu**	뜨엉 얻 **tương ớt**	져우 얻 **dầu ớt**
남 만 허이 **น้ำมันหอย**	써엇 프릭 **ซอสพริก**	남 만 프릭 **น้ำมันพริก**
하오 여우 **蚝油**	을라 찌앙 여우 **辣酱油**	을라 쨔오 여우 **辣椒油**
쏘ㅆ 오 (ㅈ)위트흥 **sauce aux huîtres**	쏘ㅆ 쉴리 **sauce chili**	윌 드 쉴리 **huile de chili**
쌀싸 데 오ㅆ뜨라ㅆ **salsa de ostras**	쌀싸 데 칠레 **salsa de chile**	아쎄이떼 데 칠레 **aceite de chile**
살사 디 어ㅅ뜨리께 **salsa di ostriche**	살사 칠리 **salsa chili**	얼리오 디 뻬뻬론치노 **olio di peperoncino**
아우스턴소쎄 **Austernsoße**	칠리소쎄 **Chilisoße**	칠리욀 **Chiliöl**

	주문	접시
영어	오어「더「 **order**	디쉬 **dish**
일본어	츄우 몽 **注文**	사라 **皿**
베트남어	거이 몬 **gọi món**	까이 디어 **cái đĩa**
태국어	바이 쌍 **ใบสั่ง**	짜안 **จาน**
중국어	디엔 차이 **点菜**	판 즈 **盘子**
프랑스어	꼬망드 **commande**	아씨에뜨 **assiette**
스페인어	뻬디도 **pedido**	쁠라또 **plato**
이탈리아어	오르디네 **ordine**	빠또 **piatto**
독일어	아우프「트락 **Auftrag**	텔러 **Teller**

276

병	컵	냅킨
바틀 bottle	커프 cup	냅킨 napkin
빙 瓶	콥푸 コップ	나푸킹 ナプキン
짜이 chai	꼭 cốc	칸 안 khăn ăn
코앗 ขวด	토아이 ถ้วย	파 챗 빡 ผ้าเช็ดปาก
핑 즈 瓶子	뻬이 즈 杯子	찬 찐 餐巾
부떼이유 bouteille	베ᵛ흐ㅣ 따쓰 verre ǀ tasse	쎄흐비ᵛ에드 serviette
보떼야 botella	바쏘 vaso	쎄르비예따 servilleta
보띨랴 bottiglia	비깨레 bicchiere	또발ᵛ렬로 tovagliolo
플ᶠ라쉐 Flasche	타쎄 Tasse	세어비ᵛ엘테 Serviette

	화장지	숟가락
영어	티슈 페이퍼 tissue paper	스푸운 spoon
일본어	티슈페-파- ティッシュペーパー	스푸-운 ┃ 사지 スプーン ┃ 匙
베트남어	칸 져이 khăn giấy	까이 티아 cái thìa
태국어	끄라 닷 티슈 กระดาษทิชชู่	처언 ช้อน
중국어	웨이 썽 즈 卫生纸	츠 즈 匙子
프랑스어	빠삐에 뚜알레뜨 papier toilette	뀌이에흐 cuillère
스페인어	빠뻴 이히에니꼬 papel higiénico	꾸차라 cuchara
이탈리아어	카르따 이쟤니까 carta igienica	쿠꺄요 cucchiaio
독일어	타쉔투흐 Taschentuch	을뢰펠 Löffel

젓가락	포크	칼
챠압스티크스 chopsticks	포ᶠ어ʳ크 fork	나이ᴩᶠ knife
하시 箸	훠-쿠 フォーク	나이후 ナイフ
두어 đũa	까이 지어ㅣ까이 니어 cái dĩa 북부ㅣcái nĩa 남부	쟈오 dao
따 기압 ตะเกียบ	썸 ส้อม	미잇 มีด
콰이 즈 筷子	챠ʳ 叉	따오 刀
바게뜨 baguettes	푸ᶠ흐셰뜨 fourchette	꾸또 couteau
빨리요쓰 palillos	떼네도르 tenedor	꾸치요 cuchillo
바스똔치니 bastoncini	포ᶠ르께따 forchetta	콜땔로 coltello
슈탭히엔 Stäbchen	가벨 Gabel	메써 Messer

	소고기	양고기
영어	비이프ᶠ beef	을래앰 lamb
일본어	규우 니쿠 牛肉	요오 니쿠 羊肉
베트남어	팃 버 thịt bò	팃 끄우 thịt cừu
태국어	느아 우와 เนื้อวัว	느아 께 เนื้อแกะ
중국어	니우 러우 牛肉	양 러우 羊肉
프랑스어	뵈프ᶠ bœuf	아뇨 agneau
스페인어	떼르네라 ternera	꼬르데로 cordero
이탈리아어	만조 manzo	안낼로 agnello
독일어	린트플ᶠ라이쉬 Rindfleisch	을람플ᶠ라이쉬 Lammfleisch

돼지고기	오리고기	닭고기
포어「ㅋ **pork**	더크 **duck**	치킨 **chicken**
부타 니쿠 豚肉	카모 니쿠 鴨肉	토리 니쿠 鳥肉
팃 런 ┃ 팃 헤오 thịt lợn 북부 ┃ thịt heo 남부	팃 ˅빗 thịt vịt	팃 가 thịt gà
느아 무 เนื้อหมู	삗 เป็ด	까이 ไก่
쭈「 러우 猪肉	야 러우 鴨肉	찌 러우 鸡肉
뽀흥 **porc**	까나흥 **canard**	뿔레 **poulet**
쎄르도 **cerdo**	빠또 **pato**	뽀요 **pollo**
카르네 디 마얄레 **carne di maiale**	아나뜨라 **anatra**	뽈로 **pollo**
슈바˅이내플「라이쉬 **Schweinefleisch**	엔텐플「라이쉬 **Entenfleisch**	휘너플「라이쉬 **Hühnerfleisch**

	생선	빵
영어	피ᶠ쉬 fish	브뤠드 bread
일본어	사카나 魚	팡 パン
베트남어	까 cá	반 미 bánh mì
태국어	쁘라 ปลา	카놈 빵 ขนมปัง
중국어	위 鱼	미엔 빠오 面包
프랑스어	뿌아쏭 poisson	빵 pain
스페인어	뻬쓰까도 pescado	빤 pan
이탈리아어	뻬쎄 pesce	빠네 pane
독일어	피ᶠ쉬 Fisch	브뢰트 Brot

쌀	계란	치즈
라이스 rice	에그 egg	치이즈 cheese
코메 米	타마고 卵	치-즈 チーズ
까오 gạo	쯩 trứng	ꜰ포 마이 phô mai
카우 ข้าว	카이 ไข่	칫 ชีส
미 米	찌 딴 鸡蛋	나이 을라오 奶酪
히 riz	외프ꜰ œuf	프ꜰ호마주 fromage
아ㄹ~오쓰 arroz	우에보 huevo	께쏘 queso
리조 riso	워보ᵛ uovo	포ꜰ르마쬬 formaggio
라이스 Reis	아이 Ei	캐제 Käse

	야채	감자
영어	베ᵛ쥐터블 vegetable	포테이토우 potato
일본어	야 사이 野菜	쟈가이모 ジャガイモ
베트남어	라우 rau	콰이 떠이 khoai tây
태국어	팍 ผัก	만 파랑 มันฝรั่ง
중국어	쑤ᶜ 차이 蔬菜	투 떠우 土豆
프랑스어	을레귐 légume	뽐므 드 떼흐 pomme de terre
스페인어	베헤딸 vegetal	빠따따 patata
이탈리아어	베ᵛ르두라 verdura	빠따따 patata
독일어	게뮈제 Gemüse	카토펠 Kartoffel

고구마	당근	양파
스위이트 포테이토우 **sweet potato**	캐뤄트 **carrot**	어니언 **onion**
사츠마이모 サツマイモ	닌 징 人参	타마 네기 玉ねぎ
콰이 랑 **khoai lang**	까 롯 **cà rốt**	꾸 하잉 **củ hành**
만 파랑 와안 มันฝรั่งหวาน	케럿 แครอท	후아 험 หัวหอม
띠 꽈 地瓜	후 을루어 보어 胡萝卜	양 충 洋葱
빠따뜨 두쓰 **patate douce**	까효뜨 **carotte**	오뇽 **oignon**
바따따 **batata**	싸나오리아 **zanahoria**	쎄보야 **cebolla**
빠따따 돌체 **patata dolce**	카러따 **carota**	치뽈라 **cipolla**
쉬쓰카토펠 **Süßkartoffel**	카롯테 **Karotte**	쯔비벨 **Zwiebel**

	마늘	토마토
영어	가알리크 **garlic**	터메이토우 **tomato**
일본어	닌니쿠 ニンニク	토마토 トマト
베트남어	또이 **tỏi**	까 쭈어 **cà chua**
태국어	끄라 티암 กระเทียม	마 크아 탯 มะเขือเทศ
중국어	쑤안 蒜	씨 훙 쓰 西红柿
프랑스어	아이 **ail**	또마뜨 **tomate**
스페인어	아호 **ajo**	또마떼 **tomate**
이탈리아어	알료 **aglio**	뽀모더로 **pomodoro**
독일어	크노블라우흐 **Knoblauch**	토마테 **Tomate**

버섯	콩	견과류
머쉬루움 mushroom	비인 bean	너트 nut
키노코 キノコ	마메 豆	낫츠 ｜ 켕 카 ナッツ ｜ 堅果
넘 nấm	핫 더우 hạt đậu	핫 hạt
햇 เห็ด	토아 ถั่ว	토아 ถั่ว
모어 구 蘑菇	떠우 豆	찌엔 구어 堅果
셩삐뇽 champignon	쏘자 soja	꺄까우에드 cacahouète
참삐뇬 champiñón	을레굼브레 legumbre	까까우에떼 cacahuete
푼고 fungo	파졸로 fagiolo	아라끼데 arachide
필쯔 Pilz	보오내 Bohne	누쓰 Nuss

	구이	튀김
영어	롸우스티드 **roasted** 형용사	디이프-프롸이드 **deep-fried** 형용사
일본어	야 키 焼き 부침	아 게 揚げ
베트남어	느엉 **nướng**	란 ǀ 찌엔 **rán** 북부 ǀ **chiên** 남부
태국어	야응 ย่าง	텃 ทอด
중국어	카오 烤	쟈 炸
프랑스어	호띠 **rôti**	프히 **frit**
스페인어	아싸도 **asado**	프리또 **frito**
이탈리아어	아르~로스띠또 **arrostito**	프리또 **fritto**
독일어	게브라텐 **gebraten**	게브라텐 **gebraten**

볶음	부침	조림
스터어ᴿ-ᴾ프라이드 **stir-fried** 형용사	프라이드 **fried** 형용사	보일드 **boiled** 형용사
이타메 いため	야 키 焼き 구이	니 츠 케 煮付け
싸오 **xào**	찌엔 **chiên**	코 **kho**
팟 ผัด	삥 ปิ้ง	똠 ต้ม
챠ᴿ오 炒	찌엔 煎	아오 熬
쏘떼 **sauté**	프ᴸ히 **frit**	미죠떼 **mijoté**
ㄹ~에부엘또 **revuelto**	프ᴸ리또 **frito**	에르비도 **hervido**
살따또 인 빠델라 **saltato in padella**	프ᴸ리또 **fritto**	볼리또 **bollito**
ᴾ판내게륀뤼어트 **pfannegerührt**	게브ᴿ라텐 **gebraten**	게코흐트 **gekocht**

	찜	삶음
영어	스티임드 **steamed** 형용사	보일드 **boiled** 형용사
일본어	니 코 미 煮込み	유 데 茹で
베트남어	헙 hấp	루옥 luộc
태국어	뚠 ตุ๋น	똠 ต้ม
중국어	쩡ˇ 蒸	쥬ˇ 煮
프랑스어	아 을라 바ᵛ쀠ᄒ à la vapeur	부이 bouilli
스페인어	알 바뽀르 al vapor	에르비도 hervido
이탈리아어	바ᵛ뽀리짜또 vaporizzato	볼리또 bollito
독일어	게뒨스테트 gedünstet	게코ᄒ트 gekocht

무침	데침	절임
쓰이즌드 **seasoned** 형용사	블랜취트 **blanched** 형용사	피클드 **pickled** 형용사
아에 あえ	유 가쿠 湯がく	츠케 모노 漬物
템 쟈 ᵛ비 thêm gia vị	루옥 써 luộc sơ	응엄 ngâm
쁘룽 롯 ปรุงรส	을로악 ลวก	더엉 ดอง
빤 拌	쭤ʳ어 焯	파오 泡
아쎄조네 assaisonné	에부이엉떼 ébouillanté	쏘뮈헤 saumuré
싸쏘나도 sazonado	블란께아도 blanqueado	에쓰까베차도 escabechado
스따죠나또 stagionato	스볼로 sbollo	소따체또 sottaceto
게뷔ᵛ어ᵖᵖ트 gewürzt	블란쉬어뤤 blanchieren	아인겔랙트 eingelegt

	신맛의	쓴맛의
영어	싸우어「 **sour**	비터「 **bitter**
일본어	습 파이 酸っぱい	니가 이 苦い
베트남어	쭈어 **chua**	당 **đắng**
태국어	쁘리야우 เปรี้ยว	코옴 ขม
중국어	쑤안 더 酸的	쿠 더 苦的
프랑스어	에그흐 **aigre**	아메흐 **amer**
스페인어	아씨도 **ácido**	아마르고 **amargo**
이탈리아어	아스쁘로 **aspro**	아마로 **amaro**
독일어	자우어 **sauer**	빝터 **bitter**

단맛의	매운맛의	짠맛의
스위이트 sweet	스파이쓰이 spicy	써얼티 salty
아마 이 甘い	카라 이 辛い	숍 파이ㅣ시오 카라 이 塩っぱいㅣ塩辛い
응얻 ngọt	까이 cay	만 mặn
와안 หวาน	페엣 เผ็ด	케엠 เค็ม
티엔 더 甜的	을라 더 辣的	시엔 더 咸的
쒸크헤 sucré	삐껑 piquant	쌀레 salé
둘쎄 dulce	삐깐떼 picante	쌀라도 salado
돌체 dolce	삐깐떼 piccante	살라또 salato
쒸쓰 süß	솨아프 scharf	잘찌히 salzig

	겉만 익힌	살짝 익힌
영어	뤠어ʳ rare	미이디엄 뤠어ʳ medium-rare
일본어	레아 レア	미디아무 레아 ミディアム レア
베트남어	따이 tái	따이 찐 tái chín
태국어	마이 쑥 마악 ไม่สุกมาก	끙딥 끙쑥 กึ่งสุกกึ่งดิบ
중국어	이 펀ˊ 슈ˊ 더 一分熟的	싼 펀ˊ 슈ˊ 더 三分熟的
프랑스어	블뢰 bleu	쎄녕 saignant
스페인어	까씨 끄루도 casi crudo	뽀꼬 에초 poco hecho
이탈리아어	몰또 알 산궤 molto al sangue	알 산궤 al sangue
독일어	블루티히 blutig	미이디엄 뤠어ʳ medium-rare

중간 정도 익힌	잘 익힌	완전히 익힌
미이디엄 medium	미이디엄 웰 던 medium-well done	웰 던 well done
미디아무 ミディアム	미디아무 웨루당 ミディアム ウェルダン	웨루당 ウェルダン
찐 ᵛ브어 chín vừa	허이 찐 끼 hơi chín kỹ	찐 끼 chín kỹ
쑥 뱁 빠은 끄랑 สุกแบบปานกลาง	끄압 짜 쑥 뗌티 เกือบจะสุกเต็มที่	쑥 쑥 สุกๆ
우 펀ᶠ 슈ᶠ 더 ┃ 빤 슈ᶠ 더 五分熟的 ┃ 半熟的	치 펀ᶠ 슈ᶠ 더 七分熟的	취엔 슈ᶠ 더 全熟的
쎄녕 아 뿌앙 saignant à point	아 뿌앙 à point	비앙 뀌이 bien cuit
메디오 에초 medio hecho	꼬씨도 cocido	비엔 꼬씨도 bien cocido
코뚜라 매디아 cottura media	커또 cotto	벤 커또 ben cotto
로자 rosa	할ᵇ로자 halb rosa	두어흐 durch

	수프	샐러드
영어	쑤우ㅍ **soup**	쌜러드 **salad**
일본어	스-푸 **スープ**	사라다 **サラダ**
베트남어	쑵 **xúp**	쌀랏 **salad**
태국어	쓰웁 ซุป	쌀랏 สลัด
중국어	탕 **汤**	쌰ˇ을라 沙拉
프랑스어	쑤쁘 **soupe**	쌀라드 **salade**
스페인어	쏘빠 **sopa**	엔쌀라다 **ensalada**
이탈리아어	주빠 **zuppa**	인쌀라따 **insalata**
독일어	숲페 **Suppe**	잘라트 **Salat**

햄버거	감자튀김	샌드위치
햄버어「거「 hamburger	프「뤤취 프「롸이즈 French fries	쌘드위취 sandwich
함바-가 ハンバーガー	후라이도포테토 フライドポテト	산도잇치 サンドイッチ
반 햄버거 bánh hamburger	콰이 떠이 찌엔 khoai tây chiên	샌드위치 sandwich
햄버꺼 햄메베르「게르「	만 파「랑 텃 มันฝรั่งทอด	샌윗 쌘드위치
한 바오 汉堡	슈「 탸오 薯条	싼 밍 쯔「 三明治
엉뵈흥괴흥 hamburger	프「히뜨 frites	썽드위치 sandwich
암브르게싸 hamburguesa	빠따따쓰 프「리따쓰 patatas fritas	싼드위치 sándwich
암부르게르 hamburger	빠따띠네 프「리떼 patatine fritte	빠니노 panino
함부어거 Hamburger	폼프「릿츠 Pommes frites	샌드비V취 Sandwich

	토스트	피자
영어	토우스트 toast	핏짜 pizza
일본어	토-스토 トースト	피자 ピザ
베트남어	반 미 느엉 bánh mì nướng	피자 pizza
태국어	카놈 빵 삥 ขนมปังปิ้ง	핏싸 พิซซ่า
중국어	투 쓰 吐司	비 싸 比萨
프랑스어	또쓰뜨 toast	삣자 pizza
스페인어	또쓰따다 tostada	삣싸 pizza
이탈리아어	떠스뜨 toast	삐짜 pizza
독일어	토스트 Toast	핏짜 Pizza

스테이크	파스타	국수
스테이크 **steak**	파아스따 **pasta**	누우들 **noodle**
스테-키 **ステーキ**	파스타 **パスタ**	멩 **麺**
빗 뗏 **bít tết**	미 옴 **mỳ ống**	미 써이 **mì sợi**
싸땍 **สเต็ก**	파스 따 **พาสต้า**	꼬웨이 티아우 **ก๋วยเตี๋ยว**
니우 파이 **牛排**	이 따 을리 미엔 **意大利面**	미엔 탸오 **面条**
쓰떽 **steak**	빠뜨 **pâtes**	누이유 **nouilles**
필레떼 **filete**	빠쓰따 **pasta**	피데오쓰 **fideos**
비스떼까 **bistecca**	빠스따 **pasta**	스빠게띠 **spaghetti**
스테이크 **Steak**	파스타 **Pasta**	누델 **Nudel**

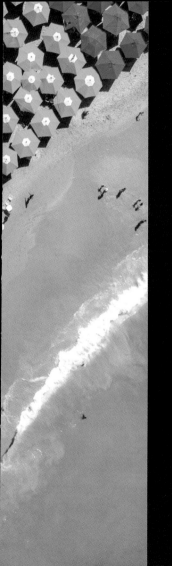

국외여행 노하우

step 1
항공권 저렴하게 구매하기

여행비용 중 가장 큰 부분을 차지하는 것이
바로 항공권 구매비다.
어떻게 하면 이를 줄일 수 있는지,
얼리버드 방식과 땡처리 방식
이렇게 두 가지로 나누어 알아보자.

얼리버드 요금[Early bird fare]은 말 그대로 '일찍 일어나는 새를 위한 요금'
이라는 뜻이다. 이를 이용하기 위해서는 다음 세 가지의 조건이 필요하다.

1. 여행 일정을 미리 확정한다. 짧게는 3개월에서 길게는 1년 전에
표를 구매해야 한다. 그리고 보통은 환불이나 날짜 변경도 불가하다. 운이
좋아야 신청을 통해 세금을 돌려받을 수 있는 정도다. 그러니 언제 휴가를 낼 수
있을지 알지 못하는 보통의 직장인에게는 그림의 떡인 경우가 많다.

2. 얼리버드 요금제를 이용하기 위해서는, 보통 여행사나 항공권 판매
업체가 아닌 항공사 사이트에 직접 접속해야 한다. 만약 외국 항공사
인 경우 영어로 된 홈페이지에서 예약을 진행해야 하는 불편을 감수해야 한다.

3. 얼리버드 요금은 싼 가격에 나올수록 빨리 매진된다. 따라서 여행 계획이
섰다면 자주 접속해 얼리버드 프로모션 여부를 확인해야 한다. 항공사
사이트에서 프로모션 메일링 서비스가 있는 경우 이를 신청하는 것도 좋은 방법.

땡처리 요금은 말 그대로 팔다 남은 항공권을 버리느니 싼값에 판매하는 것을 뜻한다. 그런데 여기서 팔다 남은 항공권이라는 개념은 항공사가 아니라 여행사나 항공권 판매업체에 해당하는 것이다. 여행사들은 항공사로부터 할인을 받는 조건으로 수십장의 표를 한 번에 사두는데, 이때 미처 다 팔지 못한 표를 땡처리로 내놓는 것이다. 따라서 당연히 항공사 사이트가 아닌 여행사나 항공권 판매 사이트에서 이러한 요금을 발견해야 한다. 땡처리 요금 제를 이용하기 위해서는 다음 두 가지의 조건이 필요하다.

1. 당장 내일이라도 떠날 준비가 되어 있어야 한다. 이는 함께 여행할 동반자에게도 마찬가지다. 땡처리 요금으로 구입한 항공권은 운이 좋아야 3일 후 출발이고, 보통 내일 출발이 주를 이룬다.

2. 땡처리를 주로 하는 항공권 판매업체 서너 개는 알고 있어야 한다. 다시 한 번 말하지만, 땡처리는 항공사에서 하는 것이 아니다.

step 2
환전 요령

환전은 단순히 현금과 현금을 교환하는 것이 아니다.
환전에는 여러 가지 방법이 있고, 고려해야 할 사항도 많다.
현금, 여행자수표, 현금카드, 신용카드 순으로 장단점을 비교해 보자.

현금

우리나라에서 현금을 환전해서 출국할 때, 유럽은 유로화, 일본은 엔화, 중국은 위안화로 바꿔서 나가면 된다. 그러나 이 외의 국가들은 일단 달러화로 바꾸어 출국한 후 현지에서 다시 환전하는 것이 유리할 수 있으므로 국가별로 잘 비교해 보아야 한다. 어느 나라 통화로 환전하든지 관계없이 합법적으로 은행에서 환전한다면 은행 측에서는 환전수수료와 중간이윤 이렇게 두 가지를 취하게 된다. 예를 들어 기준 환율이 1,000원이라면 가격은 다음과 같은 식이다.

수수료와 중간이윤을 포함한 가격   : 1,040원
수수료를 포함한 가격   : 1,020원
기준 환율   : 1,000원

결국, 1,000원짜리 외국환을 1,040원에 사는 꼴이다. 주거래 은행에서 환전을 하면 중간이윤을 조금 할인해주는 경우가 있는데, 50%를 할인받더라도 수수료는 그대로이므로 1,030원에 외국환을 사게 된다. 수수료와 중간이윤은 은행마다 조금씩 다르다. 무엇보다 가장 중요한 것은 공항에 가기 전 미리 환전해 두는 것이다. 인천공항에 여러 은행에서 설치한 환전소가 있지만, 편리한 만큼 수수료가 전국에서 가장 비싸다.

현금은 그 어떤 결제수단보다 편리하지만, 도난의 우려가 크다.
따라서 보안성이 떨어지는 것이 단점이다.

여행자 수표

여행자수표는 현금 대신 수표로 환전하는 방식이다. 살 때와 팔 때 모두 현금 환전보다 수수료가 적게 들기 때문에 가장 경제적인 선택이라 할 수 있다. 또한, 사용 시 서명이 필요하므로 도난 시에도 구제받을 수 있다는 장점이 있다. 그러나 그만큼 불편함이 따른다. 해당 국가에 여행자 수표를 취급하는지도 알아봐야 하고, 또 여행자수표 발행업체에 직접 가서 환전하지 않으면 추가 수수료가 발생하므로 번거롭다. 여행지 호텔에서 직접 여행자수표를 취급하는 경우도 있는데 이 경우 숙박비용을 여행자 수표로 환전해가는 것은 가장 합리적인 선택이 될 것이다.

신용카드

신용카드는 가장 편리하지만 가장 비용이 많이 든다. 기본적으로 은행보다 카드사의 환전 수수료가 비싼 데다가, 중간이윤 할인도 불가능하기 때문이다. 게다가 여행지에서 얼마를 썼는지 계산하기도 힘들고, 사용 시점이 아닌 결제 시점의 환율에 의해 결제금액이 결정되므로 여행 경비가 얼마가 될지 예상도 불가능하다. 돈은 많고 시간은 아까운 부자들에게는 최고의 선택.

시티은행 현금카드

시티은행에서 통장을 개설해 일정 금액을 넣어두고, 현지 은행에 가서 카드로 찾아 쓰는 방식이다. 현금카드는 현금 환전만큼 경제적이지도 않고 신용카드만큼 편리하지도 않지만, 뜻밖에 유용한 환전수단이 될 수 있다. 왜냐하면, 현금에 비해 분실이나 도난의 우려가 적으면서도, 신용카드보다 경제적이기 때문이다. 현금카드 중에서도 시티은행의 현금카드를 구체적으로 명시한 데는 이유가 있다. 세계 어느 나라에서나 시티은행 현금지급기를 찾기 쉬우며, 수수료가 저렴하기 때문이다. 통상 현금 환전보다 인출 시 회당 1달러 정도의 수수료를 예상하면 된다. 체류 기간이 길거나 여행 경비를 많이 가져갈 생각이라면 가장 좋은 선택이 될 것이다.

step 3
면세점 쇼핑

면세점 쇼핑은 여행에서 빼놓을 수 없는 즐거움이다.
여기서 즐거움이란 보다 싼 가격에 갖고 싶은 물건을 구매하는 것이므로
어떻게 하면 더 경제적으로 쇼핑할 수 있는지 생각해 보자.

국외
면세점

색다른 분위기의 현지 면세점을 이용하는 것은 쇼핑에 즐거움을 더해줄
것이다. 게다가 가벼운 손으로 여행을 마치고 돌아오는 길에 물건을 사는
것이므로 가장 편리하다. 그러나 불행하게도 대부분의 현지 면세점은
인천공항 면세점보다 비싼 편이다. 앞의 설명에서도 알 수 있듯이 인천
공항 면세점은 세계적으로 가격이 싼 편에 속한다. 하지만, 면세점은
출국 시에만 입장할 수 있고 입국 시에는 입장이 불가능하다. 따라서 여행
내내 면세점에서 산 물품을 지니고 다녀야 하는 불편함이 있다.

한국
면세점

면세점은 꼭 공항에만 있는 것이 아니다. 백화점이나 호텔 등을 다녀
보면 시내인데도 불구하고 면세점을 발견하게 되는 경우가 있다.
이곳을 구경하는 것은 자유지만, 물건을 구입하려면 꼭 여권과 항공
권을 소지하고 있어야 한다. 그리고 물건은 바로 받는 것이 아니라
공항에서 출국 전에 교환권을 제출하고 전달받는 방식이다. 이 방식의
장점은 비행기 탑승시간에 구애받지 않고 편하게 물건을 고를 수 있다
는 점, 그리고 시내 면세점이 공항 면세점보다 싸다는 것이다. 따라서
면세점 중에서 가장 싸다고 할 수 있다. 그러나 그만큼의 단점이 있으니
공항처럼 여러 면세점 업체가 한곳에 모여 있지 않다는 점이다. 그러나
이것도 딱히 단점이 될 수 없는 것이 만약 당신이 면세점 할인카드를
이용하려고 한다면 어차피 해당 면세점 업체에서만 구매하게 되기 때문
이다. 따라서 가장 추천하고 싶은 면세점 이용 방법이 되겠다.

면세점 쇼핑 LIST ★★★★★

1. 화장품
2. 액세서리
3. 가방&지갑
4. 담배
5. 초콜릿

기내
면세품

기내 면세품은 보통 출국 편 비행기에서 가격을 알아두었다가 현지 면세점 가격과 비교해보고 입국 시 구매하는 방식이다. 가장 큰 장점이라면 여행의 마지막에 구매하기 때문에 여행 시 물품을 가지고 다녀야 하는 불편함이 없다는 것이다. 하지만 앉아서 편히 면세품 카탈로그를 고르는 장점보다는 실물을 직접 볼 수 없다는 단점이 더 크게 느껴질 것이다. 신기하게도 대부분 비행기에서 신용카드 결제를 지원한다. 특이한 점은 저가 항공사일수록 면세품은 비싸게 판매하고, 국적기와 같은 비싼 항공사의 경우 면세품은 싸게 판매한다는 점이다.

step 4
짐 꾸리기

체크인
맡기는 짐

비행기 탑승 전에
따로 짐을 부치는 것을 말한다.

일반적으로 짐에
무게 제한을 둔다.

그러나 간혹 항공사에 따라
부피와 개수에
제한을 두기도 한다.

3. 무거운 것

2. 가벼운 것

1. 기내 반입 금지 물품

무거운 짐과 가벼운 짐 무거운 짐을 이끌고 면세점을 돌아다니고 싶은 사람은 없다. 따라서 되도록 많은 짐을 체크인하는 것이 좋다. 하지만 만약 체크인 짐의 무게가 규정을 초과하는 경우, 항공사는 매우 비싼 초과운임을 요구하게 된다. 이때 우리는 다급하게 체크인 가방을 열어, 짐의 일부를 핸드캐리 가방으로 옮겨 담게 된다. 이때를 대비해 묵직한 짐들은 따로 챙겨놓는 것이 좋다.

항공권별 수하물 규정 체크인과 핸드캐리에 대한 규정은 전적으로 항공사가 정하게 되어 있다. 따라서 짐을 챙기기 전에 꼭 본인의 티켓이 허용하는 수하물의 범위를 확인해야 한다. 티켓이나, 항공사의 홈페이지·이메일·전화를 이용해 확인할 수 있다.

항공사별 수하물 규정 어떤 항공사는 규정된 무게에서 10% 초과분까지는 허용하기도 한다. 어떤 항공사는 2인 이상이 함께 발권할 때 일행의 짐을 합산하여 계산해주기도 한다. 어떤 항공사는 스포츠용 커다란 짐은 별도의 규정을 두기도 한다. 이 모든 사항은 항공사마다 다르다.

핸드캐리
들고 타는 짐

비행기에 들고 탑승하는 짐이다.

일반적으로
작은 캐리어 1개로 제한하고,
캐리어의 부피에 제한을 둔다.
보통 손가방이나 노트북 가방은
별도로 허용한다.

손가방
휴대하는 짐

핸드캐리한 캐리어는
비행 중 쉽게 접근하기 어렵다.
좌석 위 캐비넷에 보관하기 때문이다.
따라서 비행 중에
편하게 사용해야 할 물건들이 있다면
따로 작은 가방에 담아두는 것이 좋다.

공항 이용 절차

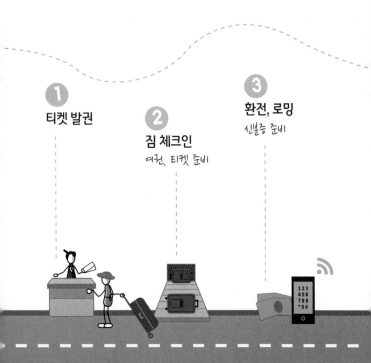

1 티켓 발권

2 짐 체크인
여권, 티켓 준비

3 환전, 로밍
신분증 준비

6 남는 시간 동안...

외부 면세점 면세품 수령 및
내부 면세점 쇼핑

5 출국장 입장

심사
여권 준비

7 게이트 도착

여유 있게 도착

4 출국장 입장

보안검색대
음료 반입 x
주머니 속 금속 x

DUTY FREE

GATE 12

step 6
출입국신고서 / 세관신고서

손짓, 발짓으로는 해결되지 않는 것이 출입국신고서 작성하기다.
잘못 작성하게 되면 입국절차에 문제가 생길 수 있으므로 주의해야 한다.
입국하려는 나라마다 출입국신고서에 사용된 표현이 조금 다르므로,
같은 의미의 표현 여러 개를 정리해 두었다.

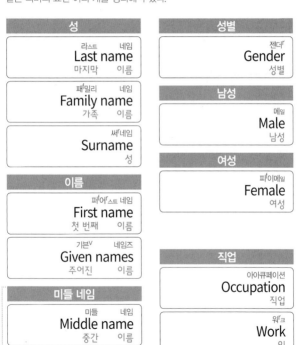

성

라스트 네임
Last name
마지막 이름

패밀리 네임
Family name
가족 이름

써네임
Surname
성

이름

퍼어스트 네임
First name
첫 번째 이름

기븐 네임즈
Given names
주어진 이름

미들 네임

미들 네임
Middle name
중간 이름

한국인은 미들네임이 없으므로 그냥 비워두자.

성별

젠더
Gender
성별

남성

메일
Male
남성

여성

피이메일
Female
여성

직업

아이큐페이션
Occupation
직업

워크
Work
일

국적

쓰이티즌쉬입
Citizenship
시민권

내셔널리티
Nationality
국적

출생지

플레이쓰 어브^v 버어^{rᄄth}
Place of birth
장소 ～의 출생

거주국

컨트뤼 어브^v   뤠지던쓰
Country of residence
국가 ～의   거주

출발국

컨트뤼 어브^v 퍼어^r스트 디파아^r쳐^r
Country of first departure
국가 의 첫 번째   출발

우리는 보통 '국적, 출생지, 거주국, 출발국'이
모두 한국이다.

머물 곳의 주소

어드뤠쓰 인 더   필리핀즈
Address in the philippines
주소   필리핀에서

인텐디드   어드뤠쓰 인 챠이나
Intended Address in China
의도된   주소 중국에서

출생일

데잇 어브^v 버어^{rᄄth}
Date of birth
날짜 ～의 출생

연

이이어^r
Year
연

월

먼^{ᄄth}
Month
월

일

데이
Day
일

'연, 월, 일'의 순서를,
영어로는 '일, 월, 연의 순서로 사용한다.

연락처

카안택트   넘버^r
Contact number
접촉   번호

해외에서 본인의 휴대전화번호를 적을 때는
010 대신 8210을 붙여준다.

이메일 주소

이이메일   어드뤠쓰
E-mail address
이메일   주소

313

몇몇 국가의 출입국신고서 및 세관신고서에는 영문과 함께 한글이 실려 있다.
그러나 한글이 함께 실려 있다고 해서 한글로 작성할 수 있는 것은 아니다.
출입국신고서와 세관신고서는 일반적으로 영문으로 작성한다.

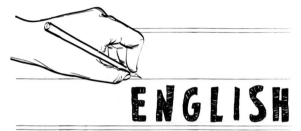

ENGLISH

항공 / 여권 / 비자 ·····················○

항공기 번호
플라잇 넘버
Flight number
비행기 번호

여권 번호
패스포트 넘버
Passport number
여권 번호
패쓰포어트 노우
Passport No.
여권 번호

비자 번호
비이자 넘버
Visa number
여권 번호

비자 발급지
플레이쓰 어브 이쓔우
Place of issue
장소 ~의 발행

비자 발행일
데잇 어브 이쓔우
Date of issue
날짜 ~의 발행

여행의 목적 ·······························○

'여행 혹은 방문의 목적'은 여러 개의 항목 중 하나를 선택해 표시한다.

보통은 '관광, 사업, 친지 방문' 중 하나를 선택한다.

관광이나 사업이라고 하면 묵게 될 호텔 주소를,

친지 방문이라고 하면 친지의 주소를 요구받을 수 있다.

여행의 목적	방문의 목적
퍼어'뻐쓰 어브^v 트뤠블 **Purpose of travel** 목적 ～의 여행	퍼어'뻐쓰 어브^v 비^v짓 **Purpose of visit** 목적 ～의 방문

하나만 체크	방문
췍 원 오운리 **Check one only** 체크 하나 오직	비^v짓 **Visit** 방문

관광	친지 방문
싸이트씨잉 **Sightseeing** 관광	비^v지팅 프'뤤즈 오어^v 륄레이팁쓰 **Visiting friends or relatives** 방문하기 친구들 또는 친척들

휴가	사업
베^v이케이션 **Vacation** 휴가	비지니쓰 **Business** 사업

승객의 서명	공항 직원 사용 칸
쓰이그너처' 어브^v 패쓰인저' **Signature of passenger** 서명 ～의 승객	포'어' 어피'셜 유우즈 오운리 **For official use only** ～ 위한 관공서 사용 오직

출입국심사소나 세관에서 사용하는 칸으로,
비워두어야 한다.

315

Arrival Card

Last Name	**Passport Number(No.)**
Hong	MA - 11108887
First Name	**Nationality**
GilDong	South Korea
Date of Birth	**Male** ☑
81 / 05 / 22 YY/MM/DD	**Female** ☐

Address in the OOO

Abc Hotel, Cebu

Purpose of Visit

Visit ☐

Sightseeing ☑

Business ☐

⋮

Occupation / Work

Farmer

Flight No.

aa 777

Signature of Passenger

출입국신고서

성	여권 번호
홍	MA - 11108887
이름	**국적**
길동	대한민국
출생한 날짜	**남성** ☑
81 / 05 / 22 연/월/일	**여성** ☐

현지에서 체류할 주소

Abc 호텔, 세부

방문의 목적	직업
방문 ☐	농부
관광 ☑	**비행기 번호**
사업 ☐	22 777
⋮	**승객의 서명**
	洪

Customs Declaration

Last Name	**Passport Number(No.)**
Hong	MA - 11108887
First Name	**Passport Issued by**
GilDong	South Korea
Date of Birth	**Country of Residence**
22 / 05 / 81 DD/MM/YY	South Korea

Address in the OOO

Abc Hotel, Cebu

The primary purpose of
this trip is business.   Yes ☐ No ☑

I am(We are) bringing

(a) fruits, plants, food, insects: Yes ☐ No ☑
(b) meat, animals, animal/wildlife products: Yes ☐ No ☑
(c) disease agents, cell cultures, snails: Yes ☐ No ☑
(d) soil or have been on a farm/ranch: Yes ☐ No ☑

I am(We are) carrying currency
or monetary instruments   Yes ☐ No ☑
over $10,000 U.S or foreign equivalent:

Date(day/month/year)	**Signature of passenger**
31 / 12 / 17	洪

세관신고서

성

홍

여권 번호

MA - 11108887

이름

길동

여권 발행국가

대한민국

출생한 날짜

22 / 05 / 81   일/월/연

거주 국가

대한민국

현지에서 체류할 주소

Abc 호텔, 세부

이번 여행의 일차적 목적은 사업입니다.   네 ☐ 아니오 ☑

나(우리)는 다음의 물건을 휴대하고 있습니다.
(a) 과일, 식물, 식품, 곤충: 네 ☐ 아니오 ☑
(b) 고기, 동물, 동물/야생생물 제품: 네 ☐ 아니오 ☑
(c) 병원체, 세포 배양물, 달팽이: 네 ☐ 아니오 ☑
(d) 흙 또는 농장/목장에 다녀왔음: 네 ☐ 아니오 ☑

나(우리)는 미화 1만 달러 이상
또는 그에 상당한 외화금액의 통화   네 ☐ 아니오 ☑
또는 금전적 수단을 소지하고 있음:

날짜(일/월/연)

31 / 12 / 17

승객의 서명

洪